Parejas felices, CUENTA$ en ORDEN

Parejas felices,
CUENTA$ en ORDEN

5 *pasos* para tu
armonía financiera

ELAINE KING

Prólogo de Aleyso Bridger

HarperCollins *Español*

Editora en Jefe: *Graciela Lelli*
Desarrollo editorial: *S.E.Telee*
Diseño del interior: *Grupo Nivel Uno, Inc.*

ISBN: 978-0-71809-884-1

Impreso en Estados Unidos de América

17 18 19 20 21 LSC 9 8 7 6 5 4 3 2 1

Dedicatoria

A todas las parejas que se me enseñaron que en las finanzas no todo es perfecto y que con su amor me inspiraron a crear piezas del rompecabezas hacia la armonía financiera. Deseo que este libro te brinde esas piezas que estabas buscando…

Esta creación no sería realidad sin la ayuda de Aleyso Bridger, Isabel Martin Piñero, y Edward Benítez por creer en mi proyecto de vida —y de Graciela Lelli, ¡una editora excelente!

Contenido

Prólogo

Conocí a Elaine King en 2010, cuando inicié mi empresa de comunicaciones. Por entonces ella trabajaba en la banca privada manejando carteras de inversiones para familias con ingresos superiores a diez millones de dólares. Para mí era admirable y, aunque he sido su agente literario publicando varios de sus *bestsellers* sobre finanzas, nunca me atreví a hablar con ella del tema hasta que me dijo que quería escribir un libro para enseñar a las parejas a manejar su dinero. Le compré la idea de inmediato. Le dije: «Será un éxito». Claro, por dentro sabía lo que ella quería transmitir porque me identificaba con la necesidad.

Desde joven fui una soñadora, estudié periodismo, me encantaban las cámaras de televisión, las relaciones públicas y el mercadeo, y crecí pensando que tener fortuna era trabajar en lo que te apasiona, sumado a encontrar el amor. Dejé mi país natal, Colombia, y una profesión en ascenso y éxito para venir a Estados Unidos por amor. En la calle escuchaba de todo cuando salía con amigos: que la mujer es la que lleva la batuta en la casa, que el hombre produce y la mujer dispone y, en algunos casos, que la mujer se gasta el dinero en zapatos y carteras. No creo que haya una fórmula exacta. El caso es que con el paso de los años me di cuenta de que necesitaba revisar los aspectos de la economía familiar y, con temor, decidí buscar ayuda para entender y hablar del tema con mi pareja. Parecía un tema fácil al principio, pero realmente no lo era.

Aprendí tarde que en la vida puedes ser la mejor hija, la mejor esposa, la mamá más entregada, la profesional más exitosa, la que consigue lo que se proponga, pero, si no pones dentro de esos roles el cuidado en las finanzas es como si te faltara la mitad para lograr el balance en la vida de pareja.

De ahí nació *Parejas felices, cuentas en orden*, un manual que sinceramente creo que todas las parejas deberían tener. Nos mandan a hacer cursos prematrimoniales para saber cómo entenderse en pareja, pero no hay ningún curso que prepare a las parejas en su relación con el dinero. Muchas parejas tienen éxito en esta gestión. Vienen de familias o padres que los concienciaron de la importancia del manejo del dinero. Para otras parejas, amor significa darlo todo de manera incondicional y generosa, y lo que vieron en sus casas de niños fue una falta de orientación en cuanto al dinero. En muchos casos, los niños crecen sabiendo gastar, pero no ahorrar.

He tenido conversaciones sinceras con amigas en las que reconocemos que hay aspectos de la economía familiar que nos gustaría cambiar, pero que nunca llegamos a tratar por miedo a conflictos con nuestros novios, parejas, maridos... Y creo que entre los latinoamericanos el problema se acentúa porque las conversaciones abiertas sobre estos temas no están tan socialmente aceptadas como en la comunidad estadounidense, donde incluso preguntar a otro cuánto gana es algo normal. Con Elaine he logrado aprender y entender de manera sencilla y sin tanto enredo (¡las cosas claras!) cómo enfrentar los problemas y buscar las soluciones en pareja. Elaine ha servido de mediadora para muchas parejas que necesitan ayuda para organizarse mejor y aclarar la importancia de llevar juntos un presupuesto, aunque cada uno quiera llevar sus cuentas por separado. Esto engloba desde la creación de un flujo de caja hasta el manejo de préstamos, tarjetas de crédito y cómo manejar la comunicación para que no se vuelva hostil u ofensiva para el sentimiento y nivel de confianza que hay en la pareja.

En este libro, ella te lleva de la mano en una conversación que trata los temas que acabo de mencionar, para algunos de los cuales es clave tener una mediadora como ella.

Tanto Elaine como yo somos empresarias, nos entendemos en esa parte del emprendimiento. Y ella es una herramienta para mi crecimiento financiero como mujer empresaria. Hoy no solo se trata de hacer las cosas con pasión, hoy es fundamental cuidar nuestras finanzas, organizarlas, entenderlas, planificarlas, usándolas siempre con un propósito. Solo así podremos alcanzar nuestros objetivos. Además, como mujeres que destacan dentro de la comunidad, tenemos la responsabilidad y el privilegio de demostrar que no solo es posible que las mujeres gestionemos nuestras finanzas por cuenta propia, sino que es fundamental que lo hagamos; de esta manera garantizaremos nuestra independencia y estaremos preparadas en caso de que nos veamos ante situaciones desafortunadas, como una separación. Y es que la falta de comunicación financiera lleva también a la pérdida de la conexión que debe existir en las parejas, que ignoran sus intereses y objetivos comunes y acaban separándose. Las mediáticas rupturas de Angelina Jolie y Brad Pitt, de Johnny Depp y Amber Heard son ejemplos de situaciones en las que una gestión específica de las finanzas puede sumarse a conflictos previos. El capítulo «Construyan un escudo protector juntos» ofrece una serie de *tips* inestimables si te encuentras ante esta situación.

Por mi parte, tengo especial cariño al capítulo «Separa lo tuyo y lo nuestro», en el que Elaine explica cómo se forman los hábitos financieros y hace hincapié en el gran papel que tienen nuestros padres y familiares a la hora de transmitirnos unos valores que influyen en la manera en la que gastamos y ahorramos como adultos. Me ha hecho recordar momentos de mi infancia que me parecían recuerdos inocentes y que ahora sé que tuvieron un impacto profundo sobre la forma en la que gestiono mis finanzas hoy día. Cuando era pequeña, en Colombia, recuerdo que mi papá trabajaba duro para pagar el colegio de mis tres hermanos y yo, y a veces me sentía triste si no podía tener la muñeca de moda. De ahí concluyo que, cuando salgo a las tiendas, aunque me gusta lucir bien e ir a la moda, mido mis caprichos y pienso en que lo que me estoy comprando realmente tenga utilidad. También me ayudó a rememorar la primera vez que con la máquina de coser de mi mamá arreglé unos *jeans* viejos que tenía y los convertí en una falda vaquera porque era lo que estaba a la moda: esa fue una lección bella sobre optimizar los recursos que no podría haber aprendido sin el apoyo de mis padres. En este libro, Elaine toca todos esos temas y va más allá, haciéndolo muy fácil, práctico y entretenido.

Elaine es una persona que no solo razona con números, sino con el corazón; no solo habla de finanzas, sino que también es financieramente independiente; no habla basándose en la teoría, sino en la experiencia... La recomiendo con los ojos cerrados a todo aquel que busque una asesora que hace y practica lo que predica, con una experiencia de más de veinte años en el campo de las finanzas familiares y que además busca el bienestar de la comunidad. Creo firmemente que con *Parejas felices, cuentas en orden* Elaine ha sabido capturar la esencia de tener una relación sincera con tu pareja desde el principio: localizar una serie de elementos que, sumados a las finanzas, pueden activar futuros conflictos que fácilmente podrían evitarse siguiendo una ruta práctica y divertida. Así que ¡a ello! Regálate dos horas a la semana para leer cada capítulo, haz los ejercicios propuestos y mantén la mente enfocada y abierta. Lo único que necesitas para cambiar tus hábitos económicos en pareja es un sofá cómodo, papel, boli y, si eres como yo, un buen café negro. Así pondrás rumbo a una dinámica económica saludable para ti y tu pareja.

Aleyso Bridger

Introducción

«**Acuérdate de que la mujer** es la que decide qué tan duradera será la relación en pareja». Esas fueron las palabras de mi abuelo un domingo de verano al bajar las escaleras en la casa blanca de la playa. Mi abuelo Elio conoció a mi abuela Teresa en el colegio cuando eran muy pequeños. A él siempre le había gustado ella y fue una alegría que coincidieran no solo en la elección de universidad, sino también de carrera. Esa misma tarde, cuando estábamos tomando el té después del almuerzo en nuestro jardín de jazmines, tomé fuerzas para preguntarle a mi abuela cuál era su secreto para mantener una relación balanceada. Se sorprendió, pero luego de un momento de silencio, pensó y contestó con una sonrisa: «Mucha paciencia, respeto y entendimiento». Ya hace ocho años que nos dejó, pero he aprendido que lo que de niña observaba como una pareja feliz y balanceada tomó muchos años de trabajo, compromiso y persistencia. A lo largo de los años, sus palabras cobraron vida, ya que sus acciones como pareja sirvieron de ejemplo por sí solas. Y han sido una fuente de inspiración.

Hace poco, durante una reunión de parejas con matrimonios que llevaban más de treinta y cinco años juntos, pregunté cuál era su secreto para tener una relación en pareja feliz. Me sorprendió que la mayoría me contestara de manera muy parecida a lo que me dijo aquel día mi abuelo. Los comentarios que más me llamaron la atención fueron: «Éramos once hijos, mi madre siempre estuvo allí, una mujer muy creativa. Una vez su amiga estaba remodelando su casa y con sus cortinas hizo cinco vestidos para sus hijas». «Cuando empezamos juntos no teníamos nada, y mientras mi esposo empezaba su fábrica y no teníamos ingresos fijos, yo vendía pasteles para que los niños pudieran ir al colegio», compartió otra pareja. Con mucho orgullo, una mujer me contó que, aunque a su esposo le dieron una gratificación para un carro nuevo, juntos decidieron que «comprar alfombras para el hogar sería más útil» y siguieron usando el carro antiguo. Claramente, las mujeres suelen ser las luchadoras.

Por desgracia, no todas las parejas logran alcanzar la armonía y, además de las secuelas que esto tiene a nivel emocional, los problemas con tu pareja también pueden repercutir sobre tus finanzas. Lo que es más, una mala gestión financiera puede ser el motivo por el que la relación esté causando estragos. Muchas veces ignoramos el impacto que el dinero tiene en nuestras vidas porque, sencillamente, no entendemos cómo funciona nuestra economía. Un error que puedes acabar pagando caro.

«Nunca pensé que me sucedería a mí», me dijo Binita, frustrada y triste mientras movía unos papeles en mi escritorio. La reunión entre ambas fue larga y muy detallada; su relación de veinticinco años se había desmoronado y no había marcha atrás. Me pidió que revisara un documento de su marido que decía: «La casa con la hipoteca para ti, el auto de propiedad absoluta para mí. Dividimos los muebles de la casa. La cuenta de ahorros para mí. La inversión de la compañía no vale nada, pero me quedaré con las acciones por si acaso. Dividiremos las cuentas de jubilación. Compartiremos las acciones, excepto las acciones de Apple que compré con la herencia de mi padre. Y los niños... tú los tienes en tu cumpleaños y yo los tengo en el mío. Nos turnamos los días de Acción de Gracias». La lista parecía no tener fin. «Nos casamos enamorados, no hablamos de las finanzas y ahora todo se reduce a números», me dijo. Cuando nos enamoramos, vemos todo con ojos diferentes, elegimos cuidadosamente todo lo referente a la boda, desde el color de las flores y la música hasta los detalles en la invitación, la fuente, el color, el tamaño, etcétera. Sin embargo, ¿existe un ítem para el kit de supervivencia financiera en nuestras listas? Estoy segura de que tuviste un plan B para la recepción en caso de que lloviera...

Los estudios han demostrado que el 50% de las parejas presentan una demanda de divorcio y que el 70% de las veces está relacionada con las finanzas. Romper el ciclo es esencial. Vivir en pareja es un paso muy importante para cada ser humano. Es bastante difícil intentar comprendernos a nosotros mismos, ¡y es más difícil aún cuando añadimos a otro ser humano a la mezcla! Cada persona viene con una base de datos, valores, experiencias, actitudes y aptitudes hacia el dinero y la vida en general; y a esto hay que añadir que cada relación en pareja es única, la receta para hacerla funcionar dependerá de tus propios ingredientes y tus gustos. Ese es el motivo por el que las parejas de hoy en día deben tener un kit de supervivencia para todo lo relacionado con el dinero y así aumentar su probabilidad de vivir juntos durante mucho tiempo.

El propósito de este libro es alcanzar la armonía y no ser un número en una estadística más de separación por culpa del dinero. Si estás en una relación ahora mismo o estás buscando una, este libro es una vitamina necesaria para fortalecer tu sistema inmunológico y protegerte de una ruptura. Está dirigido a padres, mujeres y parejas que viven en el mismo hogar, matrimonios, recién casados, guías turísticas, organizaciones religiosas, profesionales de la salud mental, abogados especializados en acuerdos prenupciales, contables... y, en definitiva, a todos aquellos que sienten curiosidad por mejorar su calidad de vida como pareja. Los objetivos esenciales son lograr un mejor entendimiento de las fortalezas y debilidades respecto al dinero, tuyo y de tu pareja, y alcanzar el bienestar financiero para ambos.

Parejas felices, cuentas en orden ofrece una mirada a los problemas y soluciones de las finanzas familiares a través de historias, lecciones y ejercicios para reforzar lo aprendido. Es un método en cinco pasos que puedes leer junto a tu pareja o en solitario. Abran la primera página, siéntense cómodos y prepárense para reír, sorprenderse, descubrir cosas tuyas y del otro y, sobre todo, abrir las puertas a una comunicación fluida y sana sobre finanzas. ¡Vamos a divertirnos y a conocernos mejor!

CAPÍTULO I
PASO 1

Separa lo tuyo y lo nuestro

ACTIVOS Y PASIVOS

Las relaciones de pareja son un ecosistema complejo, y su éxito depende de una multitud de aspectos, que además son únicos en cada caso: no hay una pareja que funcione igual. Sin embargo, la administración de las finanzas familiares es un factor que afecta a todas las parejas, ya sean ricas, pobres, de Perú, de China, jóvenes, adultas, felices o no. Y es que las decisiones que tomamos acerca del patrimonio que poseemos van a ayudar a construir un entorno con mayor o menor bienestar. Por eso, uno de los primeros pasos en la aventura de compartir nuestra vida con otro es determinar qué parte de este patrimonio va a ser solo nuestro y qué parte vamos a compartir y administrar juntos. No te asustes. La buena noticia es que no hay una única forma correcta de hacerlo y de la que dependa la felicidad de tu relación. Existen tantas fórmulas válidas para decidir qué bienes son tuyos y cuáles son de los dos como parejas en el mundo. El único secreto es pensar antes de elegir un camino u otro, y hacerlo los dos juntos, de la mano. No solo entendiendo por qué tomas las decisiones que tomas, sino también comprendiendo el comportamiento financiero de tu pareja.

Hablar y aceptar que el otro tiene una personalidad financiera distinta, incluso opuesta, es clave para pactar una dinámica económica duradera y satisfactoria. De hecho, si algo he aprendido en los años que llevo asesorando parejas, es que estas pueden beneficiarse de tener personalidades completamente distintas y, en principio, incompatibles. Una de mis clientes, Kumiko, conoció a su pareja, Akio, cuando acababa de graduarse en la universidad, que pagaba trabajando a tiempo parcial. Ambos vivían en la misma ciudad. La primera vez que tuvieron una cita se dieron cuenta rápidamente de que su noción del dinero era diferente. Kumiko había crecido en una gran ciudad con fondos limitados y pertenecía de una familia numerosa; Akio, por su parte, había crecido en una granja con abundancia. Antes de tomar la decisión de mudarse a vivir juntos, se sentaron y decidieron dejar que Kumiko, que era la más organizada en las finanzas, se encargara del presupuesto fijo. Por otra parte, Akio se encargaría de los fondos variables y de los viajes y vacaciones. Hoy en día siguen enamorados, tras diecisiete años creando juntos su fondo de bienestar. Ninguno ignoró el hecho de que eran diferentes; ni eso fue un obstáculo para su relación. Optaron por hablarlo, entender los orígenes de este comportamiento y saber los aspectos que se le dan mejor a cada uno, para aprovecharlos en su beneficio. Esto es lo que quiero ayudarte a entender en este primer capítulo (sí, soy ambiciosa y además sé que juntos podemos lograrlo).

Me gustaría introducir varios conceptos que ayudarán a que tú y tu pareja decidan cómo van a gestionar su patrimonio de ahora en adelante, y así pacten juntos lo que es tuyo, lo que es suyo y, cómo no, qué bienes serán de ambos. Para ello, empezaremos respondiendo a unas preguntas de autoconocimiento y a una prueba de personalidad financiera. (Recuerda que estas pruebas no tienen ninguna validez clínica y que sirven a modo orientativo). Acostúmbrate a ellas porque te las vas a encontrar en todos los capítulos. Una vez tengamos una idea un poco más clara de cuál es su personalidad financiera, hablaremos de la importancia que tienen los valores y la educación con los que crecemos a la hora de conformarla, y su influencia sobre la manera en la que pensamos hoy y, en última instancia, sobre nuestras emociones. También entenderemos que estas emociones, aunque no nos demos cuenta, pueden dirigir nuestras decisiones financieras, en ocasiones provocando que se desarrollen comportamientos destructivos, como el trastorno del comprador compulsivo. Por último, mostraré las herramientas necesarias para que los dos juntos aprendan a cambiar aquellos aspectos de su personalidad financiera que no les benefician, con el objetivo de que prime la racionalidad por encima de las emociones.

Así que ¡manos a la obra! Aunque el primer paso es realmente conocerse el uno al otro de verdad, antes de eso pasaremos algún tiempo conociéndonos a nosotros mismos. Puedes comenzar contestando a las siguientes preguntas:

1. ¿Cuál es tu talento?

_____

_____

_____

_____

_____

2. ¿Qué te motiva a levantarte por las mañanas?

_____

_____

_____

_____

3. ¿Cuáles son los valores de tu familia?

_____

_____

_____

_____

4. ¿Cuál es tu plan a cinco años?

_____

_____

_____

_____

_____

5. ¿Cuál es tu misión en esta vida?

_____

_____

_____

_____

Sé que estas preguntas son bastante profundas, pero responden a la necesidad de conocerte a ti mismo primero antes de convivir con otro ser humano. Somos una especie compleja y somos seres muy emocionales. Es esencial conocer estos aspectos para poder sobrevivir en pareja. Después de haber respondido las cinco preguntas, vuélvanlas a responder como pareja. Dedíquenle quince minutos y comparen sus respuestas. Hablen de ellas. Es importante que lo hagan antes de continuar. ¿Cuál fue el momento más sorprendente de esa conversación? Los animo a que lo escriban a continuación:

_____

_____

_____

_____

Ahora que hemos abierto la caja de deseos de cada uno de ustedes, lo ideal es que conozcan (si es que todavía no lo saben) qué tipo de personalidad tienen. Para ello, propongo este divertido test. Respóndanlo con sinceridad y tengan en cuenta que solo es un esbozo a grandes rasgos que les ayudará a guiarse. No es, en ningún caso, una clasificación rígida e inamovible.

TEST – PERSONALIDADES FINANCIERAS

1. Si gano la lotería y recibo un millón de dólares:
   a. Donaré la mayoría, hay muchas personas necesitadas.
   b. Ahorraré la mayoría, depositándola en una cuenta. ¡Tengo libertad financiera!
   c. Invertiré la mayoría en bienes raíces, entre otras inversiones.
   d. Gastaré la mayoría, la vida es corta, ¡vamos a disfrutarla!

2. Para mí, el dinero es:
   a. Una herramienta para hacer felices a otros y hacerlos sentirse seguros.
   b. Algo que necesito acumular constantemente para evitar estresarme.
   c. Una oportunidad para construir un imperio.
   d. Una moneda para pagar mis cuentas y comprar cosas que me gustan.

3. Si tengo una emergencia costosa imprevista:
   a. Les pido a mis amigos y familiares que me echen una mano.
   b. Tomaré el dinero de mi cuenta de ahorros.
   c. Tendré que vender una acción o tomar prestado de mis propias inversiones.
   d. La cargaré a mi tarjeta de crédito.

4. Para mí, el crédito y las deudas significan:
   a. Lo mismo.
   b. Algo a lo que hay que recurrir en circunstancias extremas.
   c. Una herramienta para hacer más dinero.
   d. Una estrategia para pagar mi estilo de vida.

5. Mi principal objetivo financiero es:
   a. Poder compartir con otros en el futuro lo que tengo hoy.
   b. Tener el dinero suficiente para poder dejar de trabajar lo más pronto posible.
   c. Crear diferentes fondos de inversión y crear empresas.
   d. Vivir más allá que de sueldo en sueldo.

Analiza tus cinco respuestas. Si obtuviste una mayoría de «a», eres un dador; si la mayoría de las respuestas fueron «b», eres un ahorrador; si prevalece la «c», eres un inversionista; y si has optado sobre todo por la «d», eres un gastador. Pero ¿sabes qué es lo que caracteriza a cada uno de estos perfiles?

Dador – A esta persona le hace feliz el compartir con los demás y lo más probable es que, cuando se cubran los gastos fijos de la casa, dedique los variables a regalos, a actividades con la comunidad y a aspectos relacionados con la responsabilidad social. Es posible que creciera en una casa donde el arte de dar era celebrado. Recuerdo que, durante una conferencia de parejas, le pregunté a Diana, una de las asistentes, qué haría con un millón de dólares. Me respondió que daría el 60% a la familia, miembros cercanos y lejanos, el 20% a la comunidad y el 20% restante lo gastaría en regalos para los demás. Me contó que sus padres le enseñaron que la casa era primordial en la planificación y que el hogar era la felicidad. Para ella eso significaba ver a miembros de la familia felices compartiendo.

Ahorrador – «Cuando no ahorro me siento raro», confesó Miguel, uno de mis clientes, al describir sus hábitos financieros. «Ese sentimiento de no estar bien, de no hacer lo correcto, de que me falta algo», dijo. «Es como no tener batería en el celular». Sus padres le enseñaron que el ahorro era primordial y que debía ahorrar siempre un porcentaje de todo lo que entraba. Esta personalidad se caracteriza por ese hábito que probablemente observó en la casa cuando crecía y ahora lo está repitiendo. Son en su mayoría hijos de padres que tuvieron que crear todo desde cero y que les inculcaron los valores de trabajar duro para ganarse el pan diario. Se trata de padres que no quieren que sus hijos sufran una crisis económica.

Inversionista – En general, de entre todas las personalidades, este personaje es el que más arriesga, suele ser muy ambicioso y no disfruta viendo que su dinero se devalúa. Existen varios tipos dentro de esta personalidad, pero podemos diferenciar dos perfiles claros. Por un lado, una persona que invierte como empresario o en una propiedad, y arriesga lo que puede por crear y hacer crecer una empresa con el objetivo de generar un patrimonio más alto. Por otro lado, encontramos a una persona que se siente cómoda con las divisas, es buena con los números y se siente segura navegando por los diferentes mercados bursátiles. Cuando le preguntan a esta persona acerca de lo que haría con dinero extra, seguramente responderá apuntando a alguna oportunidad de crecimiento, en lugar de hablar de gastarlo, ahorrarlo o compartirlo.

Gastador – Existe un gran porcentaje de personas que crecen pensando que el dinero tiene solo un fin, y es gastarlo, y no me sorprende que ya un estudio de CCR LATAM sobre 650 familias de Perú descubriera que del 98% de las veces que los padres les daban dinero a sus hijos era para que lo consumieran.[1] En un programa que llevé a cabo recientemente en una universidad de maestros, obtuve un resultado similar. Cuando pregunté a los asistentes acerca de qué hicieron la primera vez que recibieron un sueldo o suma de dinero, me contestaron que gastarlo; y a la pregunta de por qué me contestaron así, me respondieron que porque eso es lo que les habían enseñado. Ernesto, a quien asesoré de manera profesional, me comentó que a su hijo de doce años le da el monto exacto para sus *snacks* y le dice: «Esto es para tus *snacks*». Este comportamiento le enseña a un niño que el dinero es para gastarlo.

Ten en cuenta que hemos descrito las cuatro personalidades financieras a grandes rasgos. Para un análisis en profundidad de tu comportamiento financiero, lo mejor es que hables con un especialista. Tendrás que responder a muchas más preguntas (y más concisas). Sin embargo, este pequeño test ayudará a que tú y tu pareja puedan conocerse un poco más. Comparen sus respuestas: ¿ambos obtuvieron el mismo resultado?, ¿distinto? *¡Pas de problème!* De hecho, como comentaré repetidas veces a lo largo de este libro, la variedad es positiva y divertida. Lo importante es comprender el porqué y el cómo se construyeron los valores financieros que los hacen diferentes y elaborar un plan conjunto en consecuencia.

EDUCACIÓN Y VALORES FINANCIEROS

La educación financiera influye mucho en el sistema de valores de una familia, en sus actitudes y, sobre todo, en su comportamiento emocional. He trabajado con algunas familias que sacrifican mucho para dejar herencias cuantiosas a sus hijos; y con otras que prefieren gastarse hasta el último centavo antes de morir. Aunque hay quien piensa que su familia no tiene nada que ver con la forma en que administra su dinero, creo que esta influye mucho en la noción que tiene la próxima generación respecto al dinero y en lo que hará con el mismo. Quizás no manejes el dinero idénticamente, pero los valores y actitudes de tus padres y abuelos hacia el dinero contribuyeron bastante a la relación que tú tienes con él hoy en día.

Yo, por ejemplo, siempre me preguntaba por qué mi padre le decía a mi madre: «¿Lo necesitas o lo quieres?» antes de que comprara algo de gran valor. Y resultó interesante descubrir que mi abuelo también solía hacerle la misma pregunta a mi abuela. La educación financiera es un chip generacional con el que naces. No entenderás tus tendencias ni tu comportamiento a menos que aprendas el de tus ancestros. A lo largo de tu vida, este tesoro del pasado, sumado a tus ingredientes propios, te ayudará a construir tu personalidad e impulso financiero.

Mi familia comenzó a enseñarme el valor del dinero desde el momento en el que aprendí a caminar. Me mandaban a comprar helado por mi cuenta a una edad muy temprana para que aprendiera a negociar, un comportamiento que no era culturalmente común en Estados Unidos (soy de Perú).

También me enseñaron la importancia del trabajo duro y el valor del dinero. Por otro lado, tengo un amigo que se estremece solo de pensar en calcular sus impuestos y organizar sus cuentas. Sospecho que la razón es que sus padres temían y evitaban administrar su dinero. Uno de mis clientes, Paul, es un empresario muy exitoso. Su padre también fue muy exitoso, pero lo perdió todo y abandonó a sus hijos. Paul creció con un impulso enorme de ser el mejor, de participar y ayudar a la comunidad. Ha creado dos empresas desde los cimientos. Somos lo que nos enseñan y comenzamos a aprender valores financieros desde edades tempranas, aunque no nos demos cuenta. Aunque las habilidades financieras se aprenden, heredamos nuestros valores y actitudes acerca del dinero como parte de un legado familiar.

Heredamos muchas cosas de nuestros padres y abuelos, como sus ojos y atributos físicos. También heredamos sus valores, actitudes, temores y preferencias, sobre todo hacia el dinero. Esto no es bueno ni malo, sencillamente hay que conocerse a uno mismo y saber cómo se ha conformado nuestra personalidad. Solo así podremos tener una conversación clara con nuestra pareja y establecer objetivos comunes. Así que, si tu pareja y tú son como el yin y el yang, recuerden siempre que, según la teoría taoísta, esta dualidad es opuesta, pero también complementaria y necesaria para conformar todos los elementos del universo. Así que miren de frente a las diferencias, y utilícenlas en su beneficio. Esto me hace acordarme de Ana María y Dave, que vinieron a mí como clientes, pero que me acabaron enseñando mucho sobre la compatibilidad entre opuestos. Ana María vivió en Suiza durante dos años, tiempo en el que estuvo saliendo con Pablo, un vecino del lugar diez años mayor que ella. Al año de estar juntos, ella se dio cuenta de que no podía adaptarse a sus costumbres. Cada vez que salían, él quería decidirlo todo y encargarse de todo, ella no tenía ni voz ni voto en las decisiones y acabaron rompiendo. Un día conoció a Dave, un estadounidense que estaba luchando por mantener su empresa nueva a flote. Era muy trabajador y tenía ideas brillantes. Después de varias conversaciones y reuniones, decidieron trabajar juntos con la ayuda del padre de Ana María. Se convirtió en un éxito, trabajaron siete días a la semana y fueron capaces de pagar sus deudas. Decidieron casarse. Ana María aprendió a ahorrar cada mes gracias su padre, que era banquero, para que cuando llegaran las «vacas flacas» pudieran utilizar esos ahorros y expandir su negocio. Llevan treinta años juntos y Dave confía ciegamente en las habilidades de gestión del dinero de Ana María. Venían de familias distintas y tenían diferentes antecedentes, objetivos y sueños. No son los únicos; nosotros también somos diferentes y tenemos diferentes perspectivas de vida.

Cada persona tiene unos valores individuales que aprendió de niño, y al comenzar una vida junto a su pareja también construirá un grupo de valores. Algunos de estos no son negociables y hay que expresarlos antes de comprometerse. Habrá otros que moldearán juntos, creando los valores de pareja. Algunos ejemplos de valores comunes se pueden descubrir al conocer las historias de familia de cada uno de los dos, así como las lecciones y aprendizajes que marcan a cada familia. Los valores como el respeto, la honestidad y la compasión son los que más se mencionan. Sin embargo, cada uno tendrá su propia definición de ellos: ¿el respeto incluye a la familia cercana o también a la lejana y a la comunidad?, ¿hasta qué punto la honestidad es buena?, ¿la compasión es hacia el prójimo en general o hacia un grupo concreto?, y ¿se manifiesta con tiempo, dinero o de otra forma? Usemos el presupuesto, la deuda, el ahorro, la inversión, el éxito y el compartir para explicar que los valores no son algo absoluto; es decir, varían de persona a persona.

Presupuesto – ¿Qué es lo primero que viene a tu mente cuando digo la palabra «presupuesto»? ¿Una camisa de fuerza en una cuarto frio y gris o quizás un águila volando libre hacia la cumbre de las montañas? Aunque no lo creas, las personas pueden pensar de manera distinta acerca de un mismo proceso financiero. Depende mucho de lo que aprendes durante tu vida. ¿A quién no le han dicho «con ese presupuesto no se puede»?

Deuda – Dependiendo del ciclo económico en el que creciste, puedes ver la deuda como algo bueno o malo. Al pensar en el concepto de deuda, algunas personas se imaginan todo lo que pueden tener a lo largo de su vida sin necesidad de pagar inicialmente el monto; sin embargo, otros la evitan y no pueden dormir pensando en tenerla, sin importar qué tipo de deuda sea. Recientemente conocí en un taller un ejemplo claro de combinación de opuestos. Se trataba de Mario y Sandra, una pareja que pensaba de forma opuesta respecto a la deuda de la casa, ya que Sandra quería usar los ahorros para pagar la deuda y Mario quería usar el dinero para invertirlo.

Ahorro – Muchos crecimos pensando que la acumulación de dinero es un pecado, que no debemos quererlo o producir más, y que, a no ser que haya una emergencia, no es necesario tenerlo. Otros, como Manuel, uno de los asistentes a mis talleres, se sienten mal al no poder ahorrar antes de gastar. En su caso, le da malestar y no puede dormir. Es importante comprender qué entiende cada uno de los dos por este concepto financiero antes de planificar juntos. El ahorro es clave para la libertad financiera.

Inversión – Lo primero que viene a la mente con «inversión» es la bolsa y el mercado bursátil, y muchos están ahorrando para tener lo suficiente como para participar. Sin embargo, las inversiones no solo tienen que ver con el mercado, sino también con tu empresa, tu educación, tu jubilación y tus propiedades. Las personas cuyas familias se beneficiaron de un tipo determinado de inversión tendrán tendencia a centrarse solamente en ese tipo. Por ejemplo, la familia Díaz, clienta mía, que aumentó su patrimonio por medio de propiedades, no cree en la bolsa; sin embargo, la familia de Simón, a la que también asesoro, acumuló invirtiendo todo en empresas y sí cree en la bolsa.

Éxito – Un tema de los menos polémicos que puede ayudar a dirigir la conversación hacia objetivos y metas comunes (ahondaremos en ellos en el capítulo 2). Evaluemos: ¿qué es para cada uno de ustedes el éxito? Para algunas familias, el éxito es un número específico. La mayor parte de mi tiempo disfruto mucho charlando con parejas durante mis programas sobre finanzas familiares y, aunque cada programa es diferente, muchas veces pregunto por la definición de éxito a las familias. La respuesta suele ser «más dinero», «alinear valores» y «que lo que haces y lo que dices estén en armonía». En realidad, el éxito trata de algo más que el dinero. En su libro *Fuera de serie*,[2] el autor Malcolm Gladwell entrevista a muchas personas famosas y adineradas sobre el éxito. Sus respuestas no solo mencionaron el dinero. Dijeron que el éxito tenía más que ver con alcanzar sus propias capacidades, trabajar duro y hacer lo mejor con lo que crearon. Les invito a que intenten llegar a una conclusión similar, que el éxito abarca muchos ámbitos, y comiencen la conversación analizando dónde adquirieron su concepto de éxito.

Compartir – Cuando Pía le dijo a su esposo que quería donar a los niños huérfanos de Afganistán, él contestó que empezara por la casa, dedicando más tiempo y dinero a la economía familiar, y que si sobraba les diera más a sus empleados. Su esposo era un empresario que solo se centraba en la comunidad donde servía. Por su parte, Pía había viajado por todo el mundo, contaba con una familia extendida y buscaba un impacto más grande con sus recursos. Finalmente, pudieron hablar sobre ello y planificaron juntos para poder destinar un porcentaje para Afganistán y otro para su comunidad local el próximo año. El caso de Pía y su esposo es un ejemplo de cómo sí se pueden combinar valores monetarios a través de una buena comunicación. Muchas personas me preguntan por este tema a menudo, y es que, hasta hace poco, el ochenta por ciento de las parejas que conocía estaban formadas por opuestos, es decir, personalidades financieras contrarias. No es algo negativo, como ya he mencionado, ya que, si se conocen las fortalezas y debilidades de cada uno, se pueden repartir los «poderes» o tareas y conquistar las finanzas comunes (hablaremos más sobre este tema en el capítulo 3).

Como ves, ideas como «compartir» o «ahorrar», que en tu cabeza parecían tan claras, pueden estar a años luz del concepto que tu pareja tiene de ellas. Por eso, siempre hay que abrazar y entender las diferencias, para beneficiarte de ellas. Desde mi punto de vista, la forma óptima (¡y más bella!) de administrar el dinero familiar siempre es y será hacerlo como pareja, independientemente de los talentos financieros de cada uno, ya que los hombres y las mujeres se pueden beneficiar de los puntos fuertes del otro. No en vano, no somos igual de buenos manejando los ingresos, gastos, ahorro e inversión (ahondaremos más en ello en el Paso 5); y entre los dos podemos hacer un núcleo sólido en el que todos los aspectos se gestionen con inteligencia. Lo mejor es que ambos decidan, usando un proceso fácil de seguir. Primero definan el propósito; después definan el riesgo o tiempo que tomará para apreciarse; más adelante, las expectativas y, por último, cómo lo monitorearán. También será bueno usar un asesor financiero que tenga experiencia manejando carteras y estar al día con lo que sucede con los mercados a nivel global. En conclusión, somos fruto de entornos y situaciones distintas. Hemos construido un abanico distinto de ideas propias para comprender el mundo. Pero no solo eso, esta crianza y contexto también ha influido en la manera en la que gestionamos nuestras emociones. Por ejemplo, en el caso de ustedes, ¿quién se enfada con más facilidad?, ¿cuál de los dos suele ser más resolutivo?, ¿quién es más paciente? La respuesta a estas preguntas tiene su origen en sus emociones. Sin embargo, a menudo las emociones están relacionadas con las decisiones financieras que toman, y de ese tema vamos a hablar a continuación.

La gratificación pospuesta y sus consecuencias

Aprendí el valor y el componente emocional del dinero debido al entorno económico y político inestable en el que crecí en Perú. En aquel momento, la inflación era alta y el terrorismo era rampante. Nunca sabíamos cuándo estaríamos sin agua o electricidad. Debido a mi crianza, hoy considero las finanzas como parte de algo más grande. Miro mis ingresos y ahorros, y decido cuidadosamente cómo invertir, administrar y compartir mi dinero. Rara vez gasto mi dinero basándome en emociones o impulsos. Sin embargo, la mayoría de las familias invierten poco tiempo en planificar el futuro. Esto causa que la ansiedad aumente y que las emociones dominen el razonamiento. Ahorrar para la jubilación o comprar una póliza de seguro para proteger a la familia suele estar muy abajo en la escala de prioridades porque implica renunciar a las cosas que valoramos ahora, como un auto, unas vacaciones o una casa más grande. Aunque, en teoría, la mayoría de las personas están comprometidas con metas a largo plazo, aparecen tentaciones ante nosotros y nuestros planes se van por la borda. La razón y las emociones compiten a menudo dentro de nuestro cerebro.

En los últimos dieciocho años he trabajado como planificadora de bienestar económico para muchas familias, algunas de las cuales llegaron a Estados Unidos con recursos limitados y otras heredaron sus riquezas. Por experiencia, sé que los padres inmigrantes luchan a menudo con las emociones y el dinero. Quieren y tienden a dar a sus hijos todo lo que ellos no tuvieron. Este comportamiento hace muy difícil enseñar a los hijos el concepto de gratificación pospuesta, fundamental para sobrevivir en pareja.

La gratificación pospuesta es la capacidad de aguantar para obtener algo que deseas. Los seres humanos no experimentaron la gratificación pospuesta en la era paleolítica, así que va en contra de nuestra naturaleza. Cazábamos cuando teníamos hambre y comíamos lo que matábamos justo en el momento. La gratificación inmediata es un instinto primario. Esto podría explicar parte de lo que está sucediendo en el mundo hoy en día, caracterizado por la gratificación inmediata de los préstamos y los impulsos de comprar «propiedades candentes» a precios más altos que su valor de mercado.

Debido a nuestra propensión a comprar lo que queremos cuando lo queremos, a menudo es muy difícil inspirar a las personas a ahorrar para el futuro. Afortunadamente, mi familia me enseñó la diferencia entre necesidad y deseo a una edad temprana. «Esperar y tener paciencia dará sus frutos al final», me decían siempre. Cada sábado por la mañana, mis padres me daban una mesada y me recordaban que ahorrara la mitad para días malos. Los estudios han demostrado que, si comienzas a practicar la gratificación pospuesta, por ejemplo, esperando a terminar de estudiar para un examen antes de poder jugar con un videojuego, y lo conviertes en hábito, aumentarás tus probabilidades de alcanzar tus objetivos de vida. Por otro lado, una carencia de gratificación pospuesta llevada al extremo y enfocada a cuestiones monetarias puede promover trastornos del comportamiento económico, como la compra compulsiva, que pueden tener consecuencias muy negativas para la familia, la pareja y, en última instancia, para ti.

De acuerdo con un estudio realizado a 2.500 personas, el trastorno del comprador compulsivo afecta a 1 de cada 20 adultos, y es igualmente común entre hombres y mujeres.[3] La doctora Koran compartió que un 5,5% de los hombres y que un 6% de las mujeres son considerados compradores compulsivos. Aparte del efecto negativo sobre tus finanzas, pudiendo acabar en bancarrota, estas personas pueden sufrir ansiedad, tener conflictos familiares, precipitar un divorcio y, en casos extremos, llegar al suicidio. Se manifiesta por la compra de cosas que no necesitas y por guardar cosas que compraste y no usas. En el caso de las mujeres, suele tratarse de ropa, y los hombres por lo general tienden a tener un problema con la adquisición de electrodomésticos. Estas personas se emocionan con el acto de comprar y no necesariamente dan una utilidad a lo que compran. Además, este comportamiento tiene un impacto sobre las tarjetas de crédito, ya que la mayoría de los compradores compulsivos solo pagan el mínimo y llevan la tarjeta de crédito casi al 100% de su límite. Responde Verdadero o Falso para saber si eres un comprador compulsivo:

V F ¿Gastas por encima de tu presupuesto?

V F ¿Compras más de lo que necesitas?

V F ¿Escondes las compras a tu familia y amigos?

V F ¿Devuelves cosas que compraste porque te sientes culpable?

V F ¿Demoras los pagos importantes para hacer más compras?

V F ¿Solo pagas el mínimo de tu tarjeta de crédito?

V F ¿Te sientes mal por no poder ir de compras regularmente con fondos destinados a otro propósito?

V F ¿Sales a comprar una cosa y terminas con más de una que no necesitas?

V F ¿Tu comportamiento es causa de conflicto en la pareja?

V F ¿Evitas abrir los estados de cuenta?

Si contestaste la mayoría con Verdadero, puedes estar sufriendo de compra compulsiva. Pero esto se puede resolver una vez que tú o tu pareja reconozcan que tienen esta adicción. Algunas de las estrategias de control para un comprador compulsivo que pueden introducir son ir de compras con una lista o por Internet con un tiempo limitado, asegurarse de que se pagan todas las tarjetas de crédito para tener un nuevo comienzo y solo usar una para emergencias. Otra táctica interesante es decirles que no lleven siempre la billetera llena de dinero. Esta estrategia también funciona con adolescentes. Es importante reemplazar la actividad de comprar por algo de alto interés, como, por ejemplo, hacer ejercicio, ayudar a la comunidad o escuchar música. Debemos destacar que las personas con este comportamiento no solo quieren comprar cosas materiales, sino que por lo general son personas con problemas emocionales y deseos de ser más queridas. Esta persona tiene que entender que lo que uno vale no se mide solo con lo que se compra. Existen organizaciones como Deudores Anónimos, que tienen un programa de ayuda en doce pasos, y hay multitud de recursos y comunidades en Internet que tratan el tema.

Mis clientes Simón, abogado, y su esposa, Ana María, maestra, se pusieron en contacto conmigo porque él ganaba muy bien y ella se quejaba de que no había dinero ni para ir al gimnasio. Estaban evaluando juntos sus finanzas y cada año Simón debía sacar de sus ahorros para que le alcanzara a pagar sus gastos. Recuerdo que el día que les conocí me pidieron que quedásemos en una pizzería. Él venía con un presupuesto perfecto al centavo y ella con una lista de notas que me quería preguntar. Él trabajaba casi todos los días, incluyendo fines de semana, y ella estaba en la casa cuidando a sus tres hijos, uno de ellos con discapacidad. Claramente, no ayudaba que él tuviera su presupuesto perfectamente organizado si ella no formaba parte de ese proceso. Cuando les pregunté cuánto gastaban al mes, me dijeron que debía de rondar los 12.000 dólares. Me llevé sus datos a la oficina y, tras varias horas de análisis, descubrí que tenían 17.000 dólares de gastos mensuales entre todas sus cuentas y tarjetas de crédito. Los llamé y esta vez nos vimos en un café cerca de su casa, ya que el único día que Simón podía quedar era el domingo. Durante esta reunión hablamos de que las compras de Ana María eran muy recurrentes y de que no seguían un horario ni un patrón. Su mayor pasión era tener detalles con su hijo y comprar regalos de un valor muy elevado a sus amigas. Eso le daba felicidad. Al centrarnos en los demás gastos de la casa, me contó que no le gustaba donde vivía, que tuvieron que vivir allí por el trabajo de su esposo, pero que ella quería mudarse a otro sitio cuanto antes. Justo ahí reconocí un espacio para reemplazar la actividad de comprar con algo que le daría felicidad. Para poder mudarse debía ahorrar, y para ello le convenía fijar un monto mensual de regalos y de detalles para su hijo, que ya la empezaba a manipular y condicionar con salidas a restaurantes todos los días. En seis meses, esta pareja pudo llegar a su objetivo de gastos, y ella fue capaz de priorizar. Y, al final, incluso le alcanzó para ir al gimnasio.

El trastorno del comprador compulsivo es solo un caso extremo que debe paliarse inmediatamente. Sin embargo, no hace falta llegar a este punto para ponerte manos a la obra y combatir aquellos aspectos de tu personalidad financiera que dificultan el bienestar familiar. Nunca es tarde para aprender y reeducarte en cuestiones de dinero. El principio es reconocer el problema, saber identificar tus emociones, ver si te ayudan o no y, no menos importante, darte cuenta de cómo afectan a los demás. Esta conciencia de las propias emociones y las de los demás está considerada dentro de la inteligencia emocional y es una de las habilidades que más te ayudarán a alcanzar el éxito financiero y de muchos otros tipos.

Inteligencia emocional

Todas las personas desarrollamos inteligencia emocional por el simple hecho de vivir en sociedad: desde el kindergarten hasta el trabajo, pasando por realizar compras semanales en el supermercado del barrio, absolutamente todo lo que hacemos lo llevamos a cabo en mayor o menor medida interactuando con otros. El concepto de inteligencia emocional, popularizado por Daniel Goleman en su libro *La Inteligencia emocional: por qué es más importante que el coeficiente intelectual*,[4] hace referencia a aquellas habilidades del intelecto no relacionadas con el coeficiente intelectual y que se centran en la capacidad que tenemos para reconocer nuestras propias emociones y las de los demás, y actuar en consecuencia. Esta habilidad será responsable de que tengas comportamientos que te conduzcan al éxito y busques mejorar tu posición en la empresa o que el resto de los niños del kindergarten quieran jugar contigo. La inteligencia emocional es «ese algo» intangible que nos ayuda a navegar a través de las complejidades de la vida social y a tomar decisiones de carácter personal que ayudarán a alcanzar resultados positivos.

Tras quince años casados y con tres niños en común de tres, cinco y siete años, fue el momento de que Rodrigo y Clarita se decidieran entre escuela privada y pública para sus hijos. Rodrigo es contable y Clarita es diseñadora de interiores. En los últimos doce meses, los beneficios del negocio de Rodrigo se habían reducido en un cincuenta por ciento y a Clarita le preocupaba que no pudieran mantener el ritmo de vida al que estaban acostumbrados. Además, tenían muchas obligaciones e inversiones al margen de su trabajo que exigían utilizar sus ahorros. Rodrigo trataba de contrarrestar las pérdidas ahorrando, pero Clarita intentaba compensar el estrés pagándoles vacaciones a sus hijos. Ambos estaban usando el mecanismo con el que se sentían cómodos y en última instancia tenían activos que podrían vender para cubrir sus pérdidas. Pero, a pesar de ello, la verdad es que uno de los dos estaba mitigando el problema y, el otro, agravándolo sin darse cuenta. En esta situación está muy claro que un miembro de la pareja tiene que pedirle al otro que deje de gastar. Sin embargo, no es tan fácil porque Clarita se lo podría tomar como un ataque personal, sobre todo si están involucrados los niños. Además, Rodrigo podría quedar como un egoísta que no quería ir de vacaciones con la familia. Entonces llegó el momento de la matrícula y no había dinero disponible para los niños porque el monto que necesitaban se había destinado a las vacaciones de verano en Asia. Rodrigo y Clarita tienen varias opciones, pero antes de explicarlas te invito a que escribas con tu pareja tres alternativas aquí:

_____

_____

_____

_____

_____

_____

_____

_____

Las soluciones se darán en función del nivel emocional de cada miembro. Como planificadora financiera, recomendaría evaluar el presupuesto primero para ver si hay algo que ya no se necesita, y así centrarse en los gastos que no son necesarios.

Rodrigo decidió mantenerse tranquilo, evaluar los gastos él solo, pensar en la escuela de los niños y explicarle a Clarita que si tomaban otras vacaciones no habría liquidez para la escuela. También le mostró a Clarita el efecto de sacar dinero anticipadamente. En lugar de acusarla por usar los fondos, Rodrigo utilizó la oportunidad para enseñarle a Clarita las consecuencias. En un principio, Clarita no se lo tomó bien porque venía de una familia que siempre se iba de vacaciones y era lo que más valoraba en la vida. Quitarle las vacaciones era como quitarle un helado a un niño. Sin embargo, entendía que, si quería que sus hijos fueran a una escuela privada, ya no podrían tomarse vacaciones como las de antes. Rodrigo me llamó y entre los tres evaluamos todos los gastos, agregamos la educación de los niños y quitamos las vacaciones del presupuesto. Diseñamos un plan de vacaciones basándonos en el rendimiento a modo de recompensa, es decir, como estímulo.

Cada caso es diferente, es importante analizarlo con la ayuda de un profesional para asegurarse de que el plan funcione y se respete. La aplicación depende en gran medida del nivel de inteligencia emocional de cada persona. No existe una conexión directa entre el coeficiente intelectual y la inteligencia emocional. De hecho, el coeficiente intelectual seguirá siendo el mismo a partir de los catorce o quince años; sin embargo, la inteligencia emocional se compone de un abanico de capacidades flexibles que se pueden mejorar practicando. En otras palabras, no naces con la inteligencia emocional y puedes aprenderla y pulirla con el tiempo. Por eso, los problemas que puedas tener a la hora de decirle a tu pareja cosas delicadas, como fue el caso de Clarita y Rodrigo, pueden solucionarse. Y la próxima vez que surja algo, la respuesta de ambos será más positiva.

TEST

Llegados a este punto, te animo a que hagas esta pequeña prueba para conocer tu nivel de inteligencia emocional. Como sabes, este test es solo orientativo y en modo alguno pretende sustituir a la evaluación llevada a cabo por un especialista.

Contesta *Verdadero* o *Falso*

V F Soy consciente de las emociones apenas surgen

V F Uso mis sentimientos para decidir cosas importantes

V F Estar enojado me deprime

V F Cuando me molesto, reviento o me da mucha rabia

V F Soy optimista y tengo fe

V F Espero que las personas reconozcan mi trabajo cuando alcanzo mis objetivos

V F Puedo percibir las emociones de las demás personas

V F Me cuesta prepararme cuando tengo un proyecto o presentación y el tiempo es corto

V F Soy comprensivo en los momentos difíciles de las personas

V F Me afectan los conflictos en las relaciones

V F Contengo sentimientos negativos para poder continuar dirigiéndome hacia mis objetivos

V F Me cuesta leer los sentimientos no dichos solo viendo la manera en la que el otro se expresa

Si contestaste a la mayoría de las preguntas impares como verdaderas tienes un porcentaje alto de inteligencia emocional. Esta habilidad te ayudará en la vida a conseguir tus metas personales y profesionales más rápido. Debes tener un poco de cautela porque poseer inteligencia emocional es importante, sin embargo, no demostrar tus emociones es inhumano, cuidado con ir al extremo y bloquear tus emociones. Si contestaste la mayoría de los pares como verdadero tienes un porcentaje bajo de inteligencia emocional. Pero no dejes que el resultado del test te deprima; usa este conocimiento para entrenarte con el fin de poder controlar tus sentimientos de manera que no afecten tu perspectiva de lo que quieres lograr en tu vida.

Ahora que ya te has hecho una idea de dónde se sitúa tu inteligencia emocional, pregúntate lo siguiente: ¿crees que las emociones y las finanzas son conceptos distintos y lejanos? Hace poco asistí un taller privado con Marc Brackett, director del Centro de Inteligencia Emocional de la Universidad de Yale. La presentación fue en su totalidad acerca de la inteligencia emocional y los retos que tenemos todos los días cuando dejamos que las emociones dicten decisiones importantes. Brackett hizo pensar en el impacto que esta tenía sobre el dinero. Y es que un estudio hecho por la universidad de Yale nos enseña que el ochenta por ciento de nuestras decisiones, incluyendo las financieras, las hacemos a nivel emocional. Para entender esto más a fondo, decidí investigar los sentimientos que pueden afectar diariamente tus finanzas personales. Hay cuatro que destacan por encima de los demás.

Complacencia. A menudo, cuando nos empieza a ir bien en las finanzas, confiamos en que todo seguirá yendo de la misma manera y nos volvemos poco previsores. Este fue el caso de Manuel y Rocío. Los dos estaban felices porque Rocío había conseguido el trabajo de sus sueños, empezaría en un mes, pero como Manuel era *freelance* tendrían que vivir sin seguro por treinta días. Como era un periodo tan corto decidieron ahorrarse la prima y correr el riesgo. Lamentablemente, a Manuel le encontraron una úlcera en ese periodo, lo tuvieron que operar de emergencia y, como no tenía seguro, tuvieron que endeudarse por 25.000 dólares. No dejes de lado tus finanzas, mantenlas siempre en orden.

Celos. Aunque no lo hagas voluntariamente, muchas veces quieres cosas que tiene el vecino, y esta presión puede lograr que gastes más de lo que puedes. Esto me sucedió a mí, cuando descubrí Facebook. Todo lo que veía eran fotos espectaculares de mis amigos de vacaciones y, sin pensarlo, empecé a decirle a mi esposo que quería ir de vacaciones. Es el mismo efecto que ver un comercial de pizza por televisión por la noche y levantarse al día siguiente con antojo de pizza. El problema en este caso era que esas vacaciones no estaban planificadas y mi esposo sufre de ansiedad, sobre todo cuando viajamos. Las redes estaban agregando ansiedad innecesaria a la relación. Para evitar que esto suceda, alinea tus metas con tus acciones y sé más consciente de dónde vienen esas emociones.

Temor. ¿Evitas abrir el extracto bancario en el ordenador porque tienes miedo de encontrarte con una situación económica que te supere? Una de mis clientas, Simona, sufrió por una situación de este tipo con su pareja. Simona empezó a recibir llamadas de empresas de tarjetas de crédito preguntando por su esposo. Ella no tenía ni idea de qué se trataba, porque decían que su esposo debía y él nunca había mencionado ese tema. Lo que pasaba es que su marido no abría los estados de cuenta porque no podía pagarlos. El problema ahora no solo le estaba afectando a él, sino también al negocio de su esposa. Sé dueño de tus finanzas y no dejes que el miedo te paralice, apúntate a un taller de educación financiera familiar o sigue atentamente todos los pasos de este manual. Si tienes un problema, es mejor comunicarlo cuando es pequeño y fácil de solucionar.

Ansiedad. Las compras liberan hormonas que te hacen olvidar tus problemas, por eso es importante diferenciar los sentimientos de la adrenalina, ya que esta no soluciona problemas. Se ha descubierto que, cuando tienes ansiedad y te vas de compras, el cerebro manda una señal para calmarte comparable al efecto que tiene el azúcar de un caramelo cuando te sientes cansado: el efecto de felicidad te dura muy poco y, cuando se va la ansiedad, puede intensificarse. Evalúa tu comportamiento y estrategias para obtener satisfacción. Siempre invierte en lo que es más duradero; por ejemplo, hacer ejercicio, comer saludable, reemplazar hábitos destructivos, meditar, etc. Al principio del capítulo hablamos de las compras compulsivas. Vuélvelo a leer atentamente y pregúntate si padeces esta disfunción.

Aunque te he dado una serie de consejos en los que profundizaremos más adelante en esta sección, no hay una regla que funcione siempre para evitar que tus emociones te dominen. Lo que sí puedo decir es que la solución más directa a los problemas financieros ligados a las emociones es el autocontrol, aprender a aplazar una recompensa pequeña inmediata, como sentirse feliz un rato, tener el teléfono de último modelo; o no disgustarse por tener que esperar a una compensación que se encuentra lejana en el tiempo, pero que representará mayor satisfacción y que seguramente será más duradera. Controlar tus emociones hace referencia, según Travis Bradberry, colaborador de *Forbes* y autor del *best seller Emotional Intelligence 2.0*, a la competencia personal.[5] Esta habilidad comprende tanto la conciencia de nuestras propias emociones como la gestión de las mismas. Como motivación para buscar ese autocontrol, piensa que esta capacidad es tan relevante que puede ayudarte a recibir un salario mejor. Así lo afirma Gerhard Blickle, un psicólogo de la Universidad de Bonn, en Alemania. El estudio que llevó a cabo con su equipo muestra cómo saber leer las emociones de los otros te ayudará a moverte mejor por tu lugar de trabajo y, así, acabar posicionándote y ganando más. Los colegas de trabajo, dice Blickle: «... consideran [a los que son buenos reconociendo sus emociones] más capacitados social y políticamente que los demás».[6] Los supervisores también opinan de este modo y, lo que realmente importa, esto hace que su salario acostumbre a ser significativamente más elevado.

Parece, entonces, que la pregunta del millón sería: «¿Cómo controlar tus emociones?». Las emociones no funcionan de manera consciente, en un principio, ya que son articuladas desde una parte del cerebro conocida como sistema límbico. Esta parte del cerebro se desarrolló en un estado temprano de la historia del ser humano, lo cual la hace muy primitiva. Esto explica por qué a menudo las respuestas emocionales comunes como llorar o gritar son tan directas. Aun así, sabemos que las emociones están fuertemente relacionadas con nuestra memoria y experiencias. Si algo malo te ocurrió en el pasado, tu respuesta emocional a una experiencia parecida será similar. También sabemos que las emociones van de la mano de nuestros valores, nuestra concepción de lo que está bien y mal. Siempre recuerdo la historia de Talía y Tomás, dos de mis clientes, que con un matrimonio de treinta años a sus espaldas y tres hijos hicieron frente a una pequeña crisis financiera cuando comenzaron a preparase para la jubilación. Ambos disfrutaban de ser financieramente indepen-dientes, ambos eran grandes empresarios y llegaron a acumular más de lo que era necesario para su vida. Sin embargo, los valores de cada uno de ellos eran diferentes. Cuando los niños eran pequeños, Tomás cedió la gestión de todas sus finanzas a Talía para el beneficio de los pequeños. Talía disponía de su dinero y el de Tomás, compraba las cosas de la casa, las vacaciones y tomaba las decisiones financieras. Todo fue viento en popa hasta que los niños crecieron, se casaron y se fueron de casa. Esto causó un *shock* financiero a la pareja porque Talía y Tomás mantenían la paz por el bienestar de los niños, pero ambos tenían historias de la infancia, culturas y valores diferentes acerca del dinero. Decidieron dividir sus finanzas, Talía podía hacer lo que quería con su dinero, donarlo todo si quisiera, y Tomás podía gastar en todas las inversiones que encon-trara. Como ves, ambas personalidades eran diferentes: a Talía le gusta compartir y ayudar, y a Tomás le gusta invertir y crecer. ¿Por ahora ves algún problema? Superficialmente, todo parece de color de rosa, cada uno haciendo lo que quiere con su dinero. Pero no se consideraron los gastos en común, así que, ¿quién pagaría las vacaciones o los gastos de la casa donde vivían? Si Talía estaba acostumbrada a pagarlo con el dinero de Tomás, no estaba dispuesta a usar solo su dinero. Y como Tomás esta-ba ahorrando para sus inversiones tampoco consideraba que era cien por ciento su responsabilidad. ¿Qué soluciones crees que puede haber ante este problema? Escribe aquí tres alternativas:

_____

_____

_____

_____

_____

_____

_____

Hay momentos en la pareja en los que uno debe evaluar bien todas las alternativas. Seguro que las que escogiste era dividir los gastos y cada uno poner el 50%, porque es lo lógico y justo. Sin embargo, esa no era una opción en este caso. Talía había crecido sin padres y tenía miedo a quedarse desprotegida. Tomás había crecido con pocos medios y aprendió el valor de un dólar. Por un lado, el dinero significaba protección, y la falta era miedo. Y, por otro lado, el dinero significaba responsabilidad y dejar de guardar significaba escasez.

Talía me llamó para evaluar alternativas, conversamos sobre muchas cosas; entre ellas, de un plan financiero. El objetivo no era obtener más dinero, ni siquiera un alto rendimiento. Al final decidimos que Tomás aportaría una cantidad más alta para los gastos comunes. Eso haría que Talía se sintiera más segura y que Tomás también sintiera que tenía el control.

Como ves, en el caso de Talía y Tomás, entender esta correlación entre memoria, valores y respuesta emocional fue la clave para poder autocontrolarse. Te recomiendo que vuelvas a repasar el apartado de este capítulo sobre los valores heredados.

Ahora cambiemos de tercio y demos un salto en el tiempo y en nuestro aprendizaje. Supongamos que ya sabemos controlar nuestras emociones. En ese caso, nuestras aspiraciones han de ser otras: aumentar nuestra inteligencia emocional de manera que esta repercuta positivamente sobre nuestra cartera. Aparte de los estudios de Goleman, la Universidad de Yale y la Universidad de Bonn, existe mucha información que demuestra que una persona con alta inteligencia emocional gana más y es más exitosa. Existen muchas teorías, estadísticas y casos de éxito de los que podríamos partir; sin embargo, hoy te comparto lo que según mi experiencia puede llevar tu inteligencia emocional a más altos niveles en cuestión de dinero. La primera estrategia es alinear tus acciones con tus metas financieras; la segunda, programar tu cerebro con emociones positivas; y la tercera es mantener tus finanzas en orden.

ACCIONES	METAS FINANCIERAS	
COMPRAR CASA	CUÁNTO NECESITO	QUÉ PUEDO ESPERAR
TENGO UN NEGOCIO		

ALINEA TUS ACCIONES CON
TUS METAS FINANCIERAS

La definición de estrés, según algunos expertos, es que tus acciones no estén alineadas con lo que realmente quieres hacer. Y es que durante el día tenemos cientos de pensamientos y de emociones que están en nuestro ADN y que se originan de la era cavernícola. Algunos han evolucionado y otros nos confunden. Por eso es importante tener clara tu meta financiera con números, fechas y acciones, y escribirlas en un papel que cotejes todos los días. Si no lo haces, la marea te llevará a algún lugar. Si tu meta es comprarte una casa o propiedad para tu negocio, escribe exactamente cuánto necesitarás para el depósito, revisa tu presupuesto, decide qué cosas pueden «esperar» y reemplaza tus variables por el fondo para tu casa.

PROGRAMA TU CEREBRO CON
EMOCIONES POSITIVAS

El escritor Charles Duhig, en su libro *El poder de los hábitos,*[7] nos enseña el efecto del cerebro frente a la emoción y la formación del hábito. Si juntamos tres ingredientes —inteligencia emocional, hábitos y decisiones— y programamos nuestro cerebro para centrarnos en lo que queremos manifestar, Duhig nos demuestra cómo las emociones nos llevan a crear un hábito, ya sea positivo o negativo. Imagínate que cada vez que estás estresado te fumas un cigarrillo para sentirte más relajado y feliz. En poco tiempo, el cerebro empezará a relacionar el estar relajado y feliz con el cigarro y te empezará a pedir más. De igual forma, puedes programar tu cerebro para crear hábitos financieros positivos. Utilizando el ejemplo del hogar, si cada vez que haces tu presupuesto te comes un chocolatito que te hace sentir feliz, en poco tiempo el cerebro empezará a relacionar la felicidad con hacer un presupuesto. Como está comprobado que esta acción te ayuda a ahorrar para alcanzar tus metas, el cerebro te comenzará a pedir más disciplina y pronto mejorará tu situación financiera.

MANTÉN TUS FINANZAS EN ORDEN

En mi libro *Los colores de tu dinero* explico cómo mantener tus finanzas en orden. Si bien puedes controlar tus acciones para que estén alineadas con tu meta y puedes programar tu cerebro con emociones positivas, puedes demorarte en llegar al objetivo si no tienes una ruta financiera clara. Por ejemplo, si comprar la propiedad es tu meta, evita gastos innecesarios, condiciona tu cerebro para hacer tu presupuesto disciplinadamente, ¿qué orden seguirás con el dinero que estás separando? Antes de invertirlo, ten un fondo de emergencia, reduce tus deudas corrientes y evalúa el riesgo de tus ahorros para que no se devalúen.

En mi práctica como asesora, consultora y educadora, implemento muchos temas como estos porque estoy convencida de que el bienestar financiero crece cuando uno entiende el origen de sus emociones.

A lo largo de esta sección hemos confirmado que la inteligencia emocional afecta a todos los aspectos de nuestras finanzas en pareja, y que por tanto hay que tenerla en cuenta siempre que hablemos de dinero. No en vano, los gigantes del mundo financiero responsabilizan de su éxito a la inteligencia emocional. Jeff Bezos, el CEO de Amazon, es también el autor de una de las frases más célebres del mundo de los negocios del siglo XXI: «Tu marca es lo que otras personas dicen de ti cuando tú no estás en la habitación». Esta cita define a la perfección la visión de una persona que prioriza la inteligencia emocional. Hay que tener empatía, ser conscientes e, idealmente, preocuparse por las emociones que nosotros y, en el caso de la vida en pareja, nuestra gestión financiera provocamos en el otro. Si nuestro interés por las consecuencias que nuestras decisiones financieras tienen sobre nuestra familia es una décima parte de la obsesión que Bezos tiene por sus clientes, entonces no tendremos ningún problema. Por su parte, Warren Buffett siempre lo tuvo claro: «El éxito de las inversiones no se relaciona con el CI una vez que superas el número 25 de nivel. Cuando tienes inteligencia ordinaria, lo que necesitas es tener el temperamento para controlar los impulsos que meten a las personas en problemas cuando invierten», ha expresado el magnate.[8]

En la misma línea, Jamie Dimon, de JPMorgan Chase, dijo lo siguiente en Harvard Business School: «Todos conocen el CI y la inteligencia emocional (IE). Todos sus CI son lo suficientemente elevados como para que sean muy exitosos, pero a menudo la gente carece de IE. Es algo que desarrollas con el transcurso del tiempo. Muchas habilidades de gestión están orientadas a la IE, porque la administración consiste en cómo funcionan las personas». Podríamos decir que las finanzas familiares también se gestionan como una empresa, son la microeconomía de tu hogar. Y, como tal, tanto tú como tu pareja deben valerse de la inteligencia emocional para tomar decisiones. Por mi parte, me he encontrado con infinidad de casos, a lo largo de mis años como asesora, en los que la inteligencia emocional fue clave.

Lucrecia, una de mis clientas, decidió casarse luego de varios años de noviazgo y de tener dos niños. Ahora mismo, ella y su pareja están contemplando la posibilidad de mudarse a otro país y, lamentablemente, los ingresos serán reducidos casi a la mitad. Existen muchas maneras de solucionar este reto; sin embargo, Lucrecia quiere que su esposo le dé la solución para no imponer. En varias conversaciones, él ha escogido lo más caro como gastos fijos y ha decidido reducir gastos con cosas que para Lucrecia tienen valor. En la vida de pareja existen momentos en que lo que tú piensas que es lo lógico no se encuentra en la lista de lógicas de tu pareja. ¿Cómo hacer frente a este reto sin pelearte? Escribe tres alternativas aquí:

_____

_____

_____

Seguro que decidiste prescindir de lo más caro. En este caso, tampoco es la solución. Lo que el esposo estaba demostrando era un comportamiento de ganador, y quitar algo que él valoraba mucho era como perder. Por ello, elaboramos un plan para mitigar los riesgos de los gastos elevados preparando un colchón para que Lucrecia se sintiera más cómoda y juntos pudieran cubrir los gastos. Por otro lado, creamos un plan según el cual, si esto no funcionaba en un tiempo limitado, Lucrecia sería la encargada de decidir. Las finanzas son como un rompecabezas, cada pieza mueve a la otra, pero hay que entender a fondo el nivel de gravedad de cada una y, por supuesto, ver el dibujo que estamos tratando de construir en la caja.

El nivel emocional de cada individuo no depende del género, sino del poder de centrarse en el objetivo en vez de en la persona. Las personas tienen emociones; el objetivo, no. Este es el caso de una persona que anticipó un problema y, como no se le hizo caso para evitarlo, acabó sucediendo. Ester y Mariano se casaron cuando los padres de Ester estaban muy enfermos, ella cuidaba de ellos y, debido al trabajo de Mariano, se tuvieron que mudar de Texas a Georgia. Ester tuvo que vender la casa de los padres en Texas de toda la vida y buscar una casa en Georgia. Ester era la menor de cuatro hermanos y la única que podía cuidarlos. La casa de Texas se vendió por 500.000 dólares y al mudarse encontraron una casa en Georgia por 600.000 dólares y se tuvo que hacer un préstamo a su nombre, y por ende poner la casa a nombre de Ester. Ella, al comprar la nueva casa de los padres, tenía que tomar en consideración que esta casa significaba parte de la herencia de los otros tres hermanos y, como estaba casada, podía ser visto como un bien matrimonial. Gran dilema: después de cinco años de casados debía pedirle a Mariano que firmase un acta de bienes separados. En ese momento Mariano estaba cargando con toda la obligación financiera, no lo encajó bien y se negó a firmarlo. Él sentía que era un acta de falta de confianza. Años después, cuando los padres fallecieron, causó un problema legal grande porque Mariano quería mantener el bien, ya que se había desvalorizado un treinta por ciento y los hermanos de Ester lo querían vender a lo que les diera el mercado. A veces es mejor mantenerse fuera de los problemas o ecuación de la familia política, porque es suficiente con los retos de tu propia familia.

La inteligencia emocional se puede trabajar, pero es importante saber en qué áreas puedes mejorar y conocer el nivel de tu pareja. A continuación, compartiré contigo una serie de herramientas para que reaprendas a administrar tu economía si te has dejado llevar por las emociones, si hay rutinas a las que tienes que ponerles fin o si, sencillamente, quieres mejorar tus finanzas.

REEDUCACIÓN FINANCIERA

Existen muchos hábitos destructivos en las finanzas, como pagar el mínimo en la tarjeta de crédito, pagar las cuentas tarde o esperar al último minuto para ahorrar para tu cuenta de jubilación antes de tener un fondo de emergencia. Como ya sabes, estos hábitos destructivos suceden porque dejamos que las emociones dicten nuestro comportamiento y es fácil que esto suceda si no planificamos a dónde irá nuestro dinero o si no evaluamos el efecto numérico que nos causan nuestras decisiones.

La mejor forma de dejar los hábitos destructivos es identificando cuánto te cuestan en términos de dinero, tiempo y consecuencias negativas. ¿Estos errores están alargando tu camino de la independencia financiera? ¿Qué pasos tendrás que dar para poder cambiarlos? El primero siempre es ser consciente de que este hábito no te beneficia.

En una charla reciente ante 2.000 mujeres le pregunté a la audiencia que pensara en cinco minutos qué hábito destructivo se comprometía a cambiar hoy. Una mujer de la audiencia dijo que no tenía dinero para su empresa y que dejaría de comprar tanta ropa al mes y, al preguntarle cuánto dinero se ahorraría al mes, ella contestó: «500 dólares». Lo interesante de esto (además de la cuantiosa suma que estaba malgastando) es que el hecho de responderme en voz alta la ayudó a tomar conciencia del problema. El efecto de decirlo en voz alta o a tu pareja, y pidiéndole que te haga responsable por ese comportamiento, es totalmente efectivo, siempre y cuando celebren juntos cuando esto se logre. Estaba feliz de que tendría 500 dólares mensualmente para hacer crecer su empresa, acto que le generaría satisfacción y crecimiento.

Por otro lado, si tu pareja no quiere cambiar sus hábitos destructivos, existen técnicas adecuadas para afrontar el problema.

Paso 1. Haz todo lo posible para que sea consciente de las consecuencias: si son tarjetas, enséñale la cifra en dólares que cuesta pagar tarde las tarjetas. Por ejemplo, 25 dólares todos los meses es igual a 300 dólares al año y, si usas los intereses por no pagar el balance, el número será mucho más impresionante.

Paso 2. Si has hecho todo lo posible y aún no se da cuenta de su hábito destructivo, pide ayuda a un experto, un mediador o un consejero, ya que muchas veces la opinión de un tercero se recibe con más claridad aunque sea el mismo mensaje. Es más impactante recibir consejos de una persona con la que no se tiene conexión emocional.

Paso 3. Si has intentado aplicar los Pasos 1 y 2 sin éxito, es hora de que tú mismo te protejas. No tengan tarjetas de crédito en común, porque puede afectar tu historial crediticio. Tampoco junten todos los ingresos, solo los que son necesarios para pagar los fijos (las penalizaciones no son gastos fijos). Ahondaremos más acerca de este tema en el capítulo 3.

Paso 4. Si todo continúa igual, es hora de usar una motivación o una consecuencia. Por ejemplo, si paga a tiempo deberá haber una recompensa, como ir a ver su película favorita. Tú sabes mejor que nadie la estrategia que funcionará mejor.

Estos pasos, aunque son orientativos y debes adaptarlos a cada circunstancia, han funcionado con muchas parejas que han acudido a mí para cambiar un hábito destructivo. Pero recuerda que las mejores herramientas para solucionar los problemas en pareja, financieros o no, son el compromiso y el amor. Combínalos con las estrategias de reeducación que te propongo y verás cómo el resultado siempre irá a mejor. Diana y Mario son prueba de ello. Diana es maestra de educación infantil y creció en un hogar acomodado, mientras que Mario creció en un pueblo muy humilde. Sus padres sacrificaron mucho para ganarse la vida y le inculcaron a Mario desde chico que debía ser productivo y muy cuidadoso con su dinero. Por otro lado, a Diana siempre le daban el dinero que necesitaba y sus padres veían la deuda como una herramienta para poder hacer más cosas. Durante muchos años de matrimonio, Mario se encargó de todas las finanzas, pagaba todo lo de la casa y daba vales de papel a Diana para que ella pudiera comprar la comida y cualquier gasto extra para los niños. Cuando se molestaban (el setenta y ocho por ciento de las parejas se molesta una vez a la semana o al mes por temas de finanzas),[9] Mario le decía a Diana que se las tenía que ingeniar como pudiera para cubrir los gastos de la semana. A Diana nunca se le ocurrió preguntarle a Mario cuánto ganaba ni qué cantidad incluía en el presupuesto familiar. Todos los meses era un sacrificio cuando Mario preparaba los vales que tenía que darle a Diana. El punto de inflexión llega cuando a Mario le da un ataque al corazón y Diana no sabe cómo llevar a cabo las obligaciones económicas en la casa, ni siquiera tiene la luz a su nombre y es incapaz de tratar con los bancos, ya que de eso se encargaba Mario. Además, el trabajo de Mario se basaba en comisiones, por lo que, al no poder trabajar, no tenían ingresos para pagar las facturas que llegaban; y, como no había involucrado a Diana en la administración de las finanzas familiares, tampoco le había dicho dónde están ni los activos ni los pasivos y no sabía si había algún aspecto en el que no tuvieran capacitación económica. Afortunadamente, Mario salió del hospital y se pudo recuperar. Tuvieron que vender algunos activos y pagar muchas demoras en pagos que no se pudieron cubrir durante su estancia en el hospital. Ambos fueron a uno de mis programas de finanzas para parejas y allí firmaron el compromiso de empezar a administrar juntos las finanzas. Se les facilitó los pasos necesarios y las herramientas para poder cambiar sus hábitos. La clave de todo esto está en definir una meta con la que ambos estén involucrados y que les sirva de motivación. En su caso y tras mucho debatir, decidieron que la meta sería irse de viaje solos como pareja a una isla a la que siempre quisieron ir. Luego de planificar, calcularon que sería posible en doce meses, y llevando a cabo recortes.

Hemos llegado al fin de la primera etapa de este camino hacia el bienestar económico de su pareja. Ya conocen cuál es su personalidad financiera y la de su pareja, y también tienen una idea básica de cómo se formaron. Estoy segura de que han compartido más de alguna historia divertida sobre su infancia que desconocían hasta ahora… También saben ya que sus valores y emociones son únicos y que, además, afectan a sus hábitos financieros. Han aprendido acerca de la importancia de la gratificación financiera y saben cómo detectar sus hábitos económicos destructivos en caso de que los hubiera, así como llevar a cabo una estrategia para combatirlos. Por último, y para asentar toda esta vorágine de conocimientos nuevos, les propongo que hagan un ejercicio durante esta semana.

Ejercicio Capítulo 1

Haz una lista con todos tus activos. Si no estás listo para agregar números, no hay problema. Tus activos son tus cuentas corrientes y de ahorros, autos, inversiones, cuentas de jubilación, coleccionables, joyas, bienes raíces, negocios, etc. Ahora haz una lista con todos tus pasivos, como deudas en tarjetas de crédito, préstamos estudiantiles, hipotecas, cuentas por pagar, cualquier tipo de pagarés o préstamos. También agrega una categoría para tus habilidades en la lista de activos, así como en la lista de pasivos. Cada uno de ustedes debe completar esta tarea y luego comparar sus respuestas y juntos decidir lo que es de uno, de otro o de ambos. Responde la siguiente pregunta. ¿Cuáles son los activos y pasivos más importantes? ¿Y los de capital? (Gráfico 2)

_____

_____

_____

_____

_____

_____

Espero que esta primera etapa del camino haya servido para introducir o asentar dos conceptos básicos de la economía familiar: las personalidades y valores financieros, y la importancia de definir qué parte del patrimonio es tuyo, cuál de tu pareja y cuál de ambos. A lo largo de los próximos capítulos hablaremos de una gran cantidad de temas que partirán de la base que has adquirido con el Paso I.

LISTA DE ACTIVOS	LISTA DE PASIVOS	LISTA DE CAPITAL SOCIAL	LISTA DE CAPITAL HUMANO	LISTA DE CAPITAL INTELECTUAL	LISTA DE CAPITAL FINANCIERO	PATRIMONIO NETO

Gráfico 2

CAPÍTULO 2

PASO 2

Une todo

DEFINIR OBJETIVOS

En el capítulo anterior abordamos una gran variedad de ideas: las personalidades financieras, la influencia de la crianza a la hora de formar valores monetarios, la gratificación pospuesta… Estoy segura de que ya conocían algunos de ellos; y puede que otros los escucharan por primera vez. También hablamos de la importancia de reconocer los hábitos destructivos y enfrentarlos con estrategias como la reeducación financiera. Todo un bombardeo de información nueva para comenzar.

En este capítulo voy a continuar introduciendo ideas (¿quién dijo miedo?) y hablaremos de la razón número uno por la cual las parejas pelean: asignación de flujo de efectivo. En otras palabras, las metas y objetivos para los que se destina el dinero. Y es que, aunque ambos miembros de la pareja miren por el bien común, seguramente los objetivos que consideran importantes no coinciden. Otro tanto de lo mismo sucederá con la suma de dinero que creen adecuada para un fin y la forma en la que gestionarán este monto.

Llevo dieciséis años con mi marido, diez de ellos como casada, y recuerdo como si fuera ayer cuando mi esposo y yo asistimos al curso de terapia de parejas, que era un requisito para poder casarnos. Asistieron veinte parejas y a cada uno de los miembros se les asignó un número, el 1 o el 2. Yo tenía el 1. Cada uno debía escribir en un pedazo de papel cuánto tenían permitido gastar sin decírselo a su pareja. El grupo del 1 tuvimos que salir de la sala mientras que el resto de la audiencia veía lo que mi esposo del grupo del 2 había escrito en una cartulina grande, y tres minutos más tarde entré yo con mi cartulina y la cantidad en dólares. Mi sorpresa fue grande al ver que yo había escrito 100 dólares, y él, 1.000 dólares. Imagínate eso. Significa que, si cualquiera de nosotros comprara algo con un valor menor a 1.000 dólares, no tendríamos que decírselo al otro. Sin embargo, yo creía que teníamos que comunicárselo al otro si comprábamos algo con un valor mayor a 100 dólares. ¡Guau, qué diferencia! Para mí fue un desafío entender su forma de pensar y explicarle el porqué de la mía. Comprender esto fue clave para nuestro crecimiento como pareja. Este ejemplo refleja claramente la importancia de entender los motivos por los que el otro toma decisiones, así como de hablar de los fines y objetivos del dinero con el que contamos.

Como ya sabes, comenzaremos con un par de preguntas de autoconocimiento, para que tanto tú como tu pareja se activen, y después podrán responder a un pequeño test para determinar cuál es el método de aprendizaje que mejor se adapta a cada uno.

Tras esta fase introductoria, pasaremos al plato fuerte del capítulo, la decisión de ampliar la familia y sus consecuencias. En esa línea, también hablaremos de la elección de los tratamientos de fertilidad y la adopción como métodos para incrementar la familia, y sus potenciales repercusiones para la economía en pareja.

Y así como trataremos algo tan bello como tener un hijo, también mencionaremos dos de las problemáticas financieras más serias que pueden darse en una pareja: la infidelidad y el abuso económico. Por último, expondré la importancia de saber priorizar objetivos cuando tenemos varias metas a las que destinar el flujo de dinero con el que contamos.

¿Listo? ¿Lista? Responde a las siguientes preguntas para conocerte un poco mejor.

1. ¿Cuánto dinero tendrías que gastar para tener que decírselo a tu pareja?

    _____

    _____

    _____

2. ¿De dónde vendría el dinero para los extras? ¿De una cuenta conjunta o separada?

    _____

    _____

    _____

3. ¿Qué tipo de gastos compartirán? ¿Cómo se dividirá el flujo de efectivo?

    _____

    _____

    _____

4. ¿Cómo harán un seguimiento de sus gastos? ¿Para cada uno o para ambos?

    _____

    _____

    _____

5. ¿Quién estará a cargo de las finanzas? ¿Y de pagar las cuentas? ¿Y de los objetivos financieros?

    _____

    _____

    _____

¡Te has sorprendido al responder a estas cuestiones? Probablemente, si has sido sincero contigo mismo, habrás descubierto algunos agujeros o zonas poco claras respecto a la manera en la que gastas, o la forma en la que organizan el dinero como pareja. Eso es un buen síntoma porque significa que has abierto las puertas para autocriticarte constructivamente y seleccionar objetivos de manera eficiente. Anima a tu pareja a que también las responda y discutan juntos el resultado. Tras haberse hecho una idea de sus puntos débiles a la hora de distribuir el flujo financiero, los animo a que, mediante esta breve prueba, descubran qué tipo de forma de aprendizaje les conviene. De ese modo será más fácil tener una comunicación fluida y eficiente entre ambos.

TEST – MÉTODO DE APRENDIZAJE

La frase manida de «cada persona es un mundo» se aplica perfectamente a las finanzas familiares, pues ya vimos en el capítulo anterior que hay personalidades financieras distintas y que, además, se adaptan a las circunstancias particulares de cada uno, a la educación financiera que recibió desde pequeño, a las emociones y a muchos otros factores. Con este breve test podrás saber un poco más sobre la mejor manera para que aprendas conceptos monetarios (y de cualquier otro tipo); es decir, el método de aprendizaje que se adapta mejor a ti.

1. Cuando ves un estado de flujo de efectivo (presupuesto), piensas:
   a. ¿Qué es un estado de flujo de efectivo?
   b. Si es agradable a la vista.
   c. Si está correcto.
   d. ¿Puedo probarlo?

2. Cada mes pagas tus cuentas:
   a. Con tu chequera. Envías tus cheques por correo porque te encanta.
   b. A tiempo, no te gusta el desorden.

c. Asegurándote de que sumen exactamente la cantidad que pronosticaste.

d. Tienes una hoja de cálculo de Excel o una aplicación para experimentar diferentes escenarios.

3. Priorizas tus gastos:

a. Las cosas que tengo que pagar antes de recibir un recargo por pago atrasado, las cosas que puedo aplazar, si recibo una llamada telefónica.

b. En un calendario con colores.

c. Por fecha, por cantidad, por categoría.

d. Basándote en tus metas y tu propia experiencia.

4. Cuando ves un parque, ¿qué es lo que notas?:

a. La gente y lo que están diciendo y haciendo, el ruido llama mi atención.

b. El color de los árboles, la hierba, el lago. Me encanta el contraste de colores.

c. Las mesas, las sillas, los autos, los animales, los caminos de entrada y salida, asegurándome de que todo tenga sentido.

d. Los lugares donde puedo colocarme para el picnic, dónde puedo correr, jugar y sentarme.

5. Se establecen las metas financieras:

a. Una vez al año con todos en la mesa.

b. De una forma organizada y divertida.

c. Hago un seguimiento mensual para asegurar su ejecución exacta.

d. Imagino qué quiero ser y experimentar.

Ahora veamos tu puntuación. Recuerda que no somos psicólogos clínicos; solo estamos probando tus preferencias y cómo ves las cosas ahora mismo para ayudarte a equilibrar tus puntos fuertes y débiles. Si la mayoría de tus respuestas fueron «a», eres una persona auditiva, si la mayoría fueron «b», eres visual, si la mayoría fueron «c», eres detallista, y, si la mayoría fueron «d», eres una persona kinestésica y te gusta sentir las cosas.

Auditivos – Supone tan solo el 20% de la población. Me pasé años enseñándole a mi esposo cosas que quería que hiciera, mostrándole revistas, dibujando… pero me tomó tiempo darme cuenta de que no era una persona visual, sino auditiva. Y es que, cuando era niño, le costaba leer en diferentes idiomas, ya que su familia se mudó de Austria, India, Irán y luego a España. Aprendió a escuchar muy bien. Cuando necesitamos trabajar algo que yo quiero que él entienda bien no solo debo explicarlo con palabras, sino tener cuidado con las que escojo. Si tu pareja es auditiva, pídele que lea en voz alta el plan financiero que hayas decidido adoptar y que lo explique para asegurarte de que ambos están en la misma línea.

Visual – La mayoría de personas (un 65% de la población) somos visuales, aprendemos con dibujos, enseñamos con objetos, miramos lo que aprendemos y el cerebro procesa imágenes de manera más rápida o fácil que al escuchar o sentir. Es recomendable asumir que la otra persona tiene un estilo de aprendizaje o comunicación determinado antes de hacer las finanzas juntos porque, si le explicas enseñándole imágenes y es auditivo, quizás no te seguirá a la misma velocidad que una persona visual, que suele aprender mejor viendo que escuchando. Con personas visuales, usa un gráfico de las finanzas para planificar juntos, con marcadores y colores si es posible.

Kinestésica – Esta persona aprende haciendo, y le puedes decir y enseñar durante todo el tiempo que quieras, pero hasta que lo lleve a la práctica no lo comprenderá. En finanzas, a esta persona le deberás decir que haga algo como, por ejemplo, el presupuesto de un mes mientras la supervisas. Así podrán participar juntos. Debe involucrarse en el proceso. Prefiere participar en el proceso que observar. Esta persona necesita moverse porque se distrae fácilmente. Cris, uno de las participantes en mis conferencias, era una persona kinestésica y, cuando su esposa le hablaba de finanzas, le sonaba el teléfono o se acordaba de otras cosas. Un día su esposa agregó unos juguetes de finanzas en el escritorio para que jugara, y a partir de ahí empezó a prestar atención y su interés por las finanzas se despertó.

Detallista – Por lo general, esta persona puede hacer matemáticas al vuelo, y analiza todo lo que se le pasa por los ojos espontáneamente porque ese es su estado natural, es una persona muy disciplinada y exacta. Recuerdo que cuando Sara solicitó su ciudadanía y en la entrevista le preguntaron cómo fue la ceremonia, ella respondió que vinieron 50 colombianos, 24 peruanos, 15 venezolanos y 34 mexicanos; que no quedaron muchos asientos vacíos y que la temperatura debió de rondar los diez grados.

¿Qué resultados obtuvieron? ¿Les pareció más o menos natural? ¿Cómo se extrapola esto a los asuntos de dinero? Con mis años de experiencia, considero que lo ideal es que las personas detallistas, o las personas «c», deben hacerse cargo de los gastos mensuales, las «b» o «d» deben encargarse de los objetivos financieros y las «a» de las oportunidades y ventas para la mejora de sus finanzas domésticas. Pero no te preocupes si ambos sacaron las mismas respuestas, lo importante es que se entiendan mejor mutuamente y que conozcan sus tendencias. De ese modo podrán hablar de temas importantes, como la ampliación de la familia y la gestión financiera en los núcleos familiares, sabiendo cuál es la mejor forma de tener una comunicación eficiente entre ustedes y de hacer llegar un mensaje al otro.

LA DISTRIBUCIÓN DE FLUJO EN EL NÚCLEO FAMILIAR

No hace falta decir que la familia es un núcleo que se ve influido por un conjunto innumerable de factores. Algunos forman parte de, por así decirlo, el microentorno, y ya hemos hablado de ellos: personalidades financieras, valores, emociones… Otros, sin embargo, formarían parte de un macroentorno, como el tipo de sociedad y la cultura económica de nuestro país. Por eso, no podemos establecer unos patrones fijos en los que encajar a todas las familias para que organicen la distribución de su patrimonio. De hecho, en un estudio que llevé a cabo recientemente, pregunté a las parejas cómo manejaban sus finanzas familiares y obtuve resultados muy variados, aunque todos tenían un denominador común: la falta de planificación.

Cuando pregunté a Scott, de cuarenta y cinco años, sobre cómo fue la vida con su expareja en términos de finanzas, me dijo lo siguiente:

«No pensamos nunca en cómo nos las arreglaríamos y pudimos medio lograrlo hasta que nos divorciamos». «¿Lo lamentas?», le pregunté. «Lo haría de nuevo, pero intentaría pasar tiempo discutiendo nuestros valores y preferencias. Al final, ella me decía: "¿Qué prefieres: el fútbol o yo?". Se volvió dominante y dependiente. Debimos haberlo discutido hace mucho. Ahora sé que no se trataba del "fútbol"».

Por su parte, Bárbara, de treinta y cinco años, me dio una respuesta bien distinta: «¿Finanzas? Juntos, por supuesto, depositamos el dinero en el banco todos los meses y nada más. No queda nada, no tenemos ahorros. ¿Metas? Sí, cubrir los gastos de nuestros hijos. ¿Cuánto tengo? Nada en mi nombre. ¿Situaciones de emergencia? Para eso están las tarjetas de crédito».

Robert, de cuarenta y ocho años, también aportó su granito de arena: «Decidimos vivir juntos. Yo era médico, ella era abogada. El dinero no era un problema. Años más tarde, nuestra primera pelea sería acerca de cómo pagaríamos nuestra primera casa juntos. Ella estaba ganando un veinte por ciento más que yo y yo aún estaba pagando mis préstamos estudiantiles. Mi familia tiene una historia de ayudarse los unos con los otros. Sin embargo, su familia mostraba su amor empujando y esperando más de cada individuo, y nada era gratis. Ahora entiendo los valores de cada uno y eso nos ayudará en el futuro respecto a cualquier decisión financiera».

Ya sea por tener unos valores financieros distintos como consecuencia de provenir de situaciones económicas diferentes, como contaba Robert, o por muchos otros motivos, la realidad es que hay muchas familias que no siguen unas directivas claras sobre distribución de patrimonio. No existe una solución mágica y rápida para planificar las finanzas, pero trabajar en equipo es una pieza clave del engranaje de la economía familiar. Por ello, hablar todo y hacer que ambos miembros se involucren es fundamental, asegurándonos de que la gestión de las finanzas y la toma de decisiones sean meditadas y conjuntas.

Carla y Bill, dos de mis clientes, ejemplifican perfectamente un trabajo en equipo eficiente y con resultados. Carla era de América Latina y Bill era de Asia. Después de varios años de noviazgo y de tratar de vivir juntos, decidieron dedicar un tiempo para entender sus objetivos de vida. Carla quería viajar por el mundo y Bill amaba su casa. Poco después terminaron equilibrando los gastos del hogar en torno a sus propios objetivos personales. Carla se encargaba del fondo de viajes y aventuras, y Bill se encargaba de la casa. Al principio, Carla estaba a cargo de la casa, pero algo no iba bien. Bill culpaba a Carla por todo lo que ella compraba, diciendo que no era la marca correcta, ni la cantidad correcta. Poco sabía ella que era una llamada de atención, que lo que pasaba era que Bill realmente quería tener esa tarea. Carla aceptó dársela con gusto. Por otro lado, cuando Carla había delegado una vez el fondo de vacaciones, había sido un desastre. Pagaron habitaciones costosas y la calidad de los *tours* no fue muy buena. Cuando decidieron casarse, tuvieron que planificar bastante para asegurarse de que prosperaran. Trataron de administrar el dinero de varias formas. Lo que terminó funcionando fue tener una cuenta para los gastos de la casa y que cada uno de ellos colaborara para cubrir dichos gastos mensualmente. Además, cada uno de ellos tiene una cuenta de ahorros para cosas que harán juntos, pero que son de las preferidas de uno de los dos. Como Carla y Bill son diferentes, necesitan entender sus fortalezas y debilidades. Por ejemplo, a Carla le encanta viajar y a Bill le encanta comprar cosas para la casa. Tienen que hacer concesiones, y lo han estado haciendo con éxito desde hace quince años con una hoja de cálculo que crearon en su computadora. Como ves, las diferencias —culturales, de origen, de intereses— no tienen por qué ser un obstáculo. De hecho, son enriquecedoras en una relación. Lo importante es que haya una comunicación fluida y voluntad de mejorar.

Solo a través de la colaboración se podrán establecer objetivos comunes y evitar una serie de problemas serios como la infidelidad financiera y el abuso económico, que explicamos a continuación y que no solo pueden dejar tus cuentas bancarias a cero, sino que pueden dejar secuelas emocionales y minar tu autoestima.

Infidelidad financiera

Sacar provecho de trabajar en equipo puede ser divertido. Y ¿qué mejor manera de hacerlo que con alguien que amas? Lamentablemente, muchas personas no lo ven de esta manera. Por esta razón existe un término popular hoy en día conocido como «infidelidad financiera». Se dice que el setenta y cinco por ciento de las peleas de las parejas se deben a que son infieles en cuestiones de dinero. Pero ¿cómo sabes que no estás siendo leal a tu pareja? Responde las siguientes preguntas con SÍ/NO:

- Cuando vas de compras, mientes sobre el precio de las cosas que compras. Sí __ No __
- Cuando recibes un bono o ascenso en tu trabajo, no lo mencionas. Sí __ No __
- Cuando sales con tus amigos, minimizas el valor de la cuenta diciendo que ellos pagaron la mayoría. Sí __ No __
- Cuando compras algo caro, lo metes en casa a escondidas esperando que tu pareja no se dé cuenta. Sí __ No __
- Tu pareja no sabe nada respecto a tus finanzas. Sí __ No __

Si contestaste «Sí» a cualquiera de estas preguntas, deberías hablar de ello con tu pareja y establecer un plan de comunicación para evitar que el problema se agrave. Muchas veces empieza con algo tan inocente como esta frase: «Solo me costó treinta dólares», cuando en realidad costó mucho más que eso...

Lamentablemente, las pequeñas mentiras acerca de las finanzas pueden conducir a comportamientos aún más perjudiciales para tu vida en pareja. Descubrir que tu pareja te engaña financieramente podría ser el principio del fin de tu relación. De hecho, en un matrimonio ya problemático, la infidelidad financiera puede ser lo que termine de convencerte de ponerle fin.

Según una encuesta realizada por el National Endowment for Financial Education (NEFE) en enero de 2014, el cincuenta y ocho por ciento de los infieles financieros admitieron haber escondido su dinero alguna vez. Si sospechas que tu compañero te ha sido financieramente infiel, aquí tienes algunas señales de advertencia a las que debes estar atento:

- Tu compañero se pone a la defensiva o no quiere comunicarse cuando sale a relucir el tema de las finanzas.
- Tu pareja maneja el pago de facturas y no quiere que sepas nada sobre las finanzas familiares.
- Te das cuenta de que tu pareja está gastando más de lo que pueden permitirse.
- Uno o ambos comienzan a gastar dinero de forma vengativa para probar su independencia o como forma de sustituir algo que falta en la relación.
- Descubren cuentas bancarias secretas y deudas ocultas.
- Faltan documentos o están mal gestionados.
- Se saca dinero de la tarjeta de crédito en común.
- Compra inmuebles, les presta dinero a familiares o pide dinero prestado y hace inversiones arriesgadas o inicia un pequeño negocio mal concebido, todo ello sin tu consentimiento.

¿Qué puedes hacer respecto a estos engaños financieros? Antes de buscar pistas en Internet de forma discreta, debes tener una conversación honesta con tu pareja sobre finanzas. Comparte tus sentimientos —preocupaciones, culpa, ira o vergüenza— sobre mentir o sobre que te engañen con las finanzas.

Si eres tú el infiel, admite que cometiste un error y deja de mentir respecto a asuntos de dinero. Pide disculpas y acepta tu responsabilidad de traer la infidelidad financiera a tu vida en pareja.

¿Qué puedes hacer para rectificar tu situación financiera? Fija un horario regular para reunirte con tu pareja y discutir las finanzas familiares sin distracciones. Dedícale el tiempo suficiente para responder a cualquier pregunta que tu pareja pueda tener con relación a gastos inesperados y ahorro insuficiente después de que la conversación haya terminado.

El abuso económico

El abuso económico hace referencia a cuando se usa el dinero para manipular, causar daño y controlar de manera negativa la relación. «Si no te acuestas conmigo, no te daré dinero para tus gastos variables», o «Si te portas mal, no habrá dinero para la comida, tú te las ingenias», son ejemplos de frases típicas que escucharás a alguien que comete abuso económico. La violencia doméstica no consiste solo en golpes, moratones y heridas físicas, sino que también se puede manifestar con palabras, insultos, maltratos y actos para conseguir que la otra persona no sepa cómo defenderse. Es muy importante que las parejas sepan identificar el abuso en general desde el inicio porque, al igual que el *bullying*, debe ser detenido tan pronto empiece. Generalmente comienza con una persona amenazando a la otra, en muchas ocasiones con las finanzas, otras directamente atentando contra su vida. Es difícil saber si la persona está bromeando o no, pero es mejor no usar el humor en este tipo de temas. Carolina me fue a visitar a la oficina para contarme que ya no quería a su esposo, que vivía adicto al crecimiento de su empresa y había descuidado el hogar. Durante un matrimonio de veinticinco años, habían viajado por todo el mundo, sus hijos fueron a colegios en Suiza, universidades en Inglaterra y campamentos de verano lujosos. Ella había intentado salvar su matrimonio en varias ocasiones, pero se acabó, se dio por vencida y esperó pacientemente durante cinco años, hasta que sus hijos terminaran la universidad. A la pregunta de «¿por qué esperar?», me contestó que él había amenazado con no pagar la universidad de sus hijos si se separaba y, que además, dejarla en la calle. Con mucho miedo, ella esperó hasta el día que la conocí. Hicimos una lista de todos sus activos y pasivos, casas, empresas, préstamos, títulos; todo lo que tenía a su nombre era una deuda estudiantil. Su esposo no figuraba en Estados Unidos, sus empresas estaban en Europa y África a título de firmas internacionales que ella desconocía, y ella nunca se interesó en conocer las empresas o entablar una relación con sus asesores. Esto podría considerarse abuso financiero o manipulación, ya que se utiliza el dinero para amenazar.

Mariana y Felipe son una pareja sudamericana con cinco hijos en común de edades comprendidas entre los dos y los siete años; es decir, cada niño se lleva un año de diferencia entre sí. La casa está tranquila hasta que salen del colegio a las 2:30 pm. Mariana me llamó diciéndome que ya no podía más, que sufría todos los meses porque su esposo, Felipe, esperaba que ella pagase las cuentas mensuales y muchas veces no le pasaba el dinero a tiempo. Esto hacía que Mariana tuviera que recurrir a tarjetas de crédito, lo cual generaba un gran desorden financiero. A su vez, ocasionaba peleas, estrés y miedo. Recuerdo que, cuando visitamos a Felipe, me dijo que era consciente de que no le pasaba el monto a tiempo, ya que Mariana no podía tener dinero en su cuenta porque lo gastaba, y que él estaba actuando así para que aprendiera una lección. Al evaluar los gastos y la economía familiar, se descubrió que Mariana no estaba gastando en cosas variables, sino en gastos fijos que subían de un mes al otro. Ellos habían perdido la comunicación financiera, y él estaba manipulando comportamientos con el dinero, causando daño. Para mejorar esto tuvimos que reunirnos varias veces hasta que la situación se empezó a resolver.

Como ves, la infidelidad y el abuso financiero son dos problemas serios que no deben tomarse a la ligera y han de detectarse cuanto antes para buscar una solución. Recuerda que la mejor solución siempre es la prevención, así que comienza a tener conversaciones sobre dinero de manera regular con tu pareja para pactar unos objetivos claros y hacer planes financieros a corto y largo plazo.

La infidelidad financiera y el abuso económico son casos extremos que hay que atajar lo más pronto posible. Sin embargo, hay otras cuestiones que, si bien son fundamentales y cambian la vida para siempre, a menudo no se toman de manera concienzuda. La decisión de ampliar la familia es quizás el caso más claro: decidir dar el paso por motivos erróneos, no planificar las finanzas para adaptarlas a un nuevo miembro de la familia o juzgar casos externos sin conocer toda la historia son algunos errores frecuentes.

Es importante que, cuando los casos de abuso económico son graves, la pareja debe ir a un especialista en psicología, a un doctor o hasta a la policía.

Ampliar la familia

Sin lugar a duda, uno de los planes con un mayor impacto a corto y largo plazo es la decisión de ampliar la familia. No solo porque es una decisión para toda la vida, sino porque ya no solo se trata de ustedes dos, se trata de una personita que depende de que hagan las cosas bien. Por eso, hay que considerar con mucho cuidado los motivos para ampliar la familia. «Siento presión por parte de la sociedad para tener más de un hijo», me confesó Raúl tras preguntarme por mi opinión sobre los hijos únicos (yo misma soy hija única). «En este país, tener más de tres hijos es un estatus que todos quieren», expresó Jerónimo hablando de un país en Sudamérica. «Camila tuvo trillizos, casi se muere», me contó Ariana sobre su hermana. Sin embargo, el comentario más impactante fue el que le escuché a Ana, cuando, a la pregunta de su hija sobre por qué Simón y su esposa no tenían hijos, contestó: «Porque decidieron que era mejor comprarse cosas…».

Los factores para decidir tener hijos son difíciles de enumerar de manera categórica; pueden incluir, como motivos de fuerza mayor, tus preferencias, tu comunidad, tus padres, tus hermanos, «lo que hacen los amigos», «lo que se espera de ti», etc. Por ese motivo, debes entender que, a no ser que alguien te diga expresamente «no quiero tener hijos», la mayoría de los seres humanos buscan de manera natural, instintiva, dejar un legado, que en la mayoría de los casos se manifiesta en la forma de hijos. Por eso, si ves una pareja que se quiere y no tiene hijos, preguntar el porqué o cuándo puede herir más que beneficiar. Créanme que ellos ya lo han pensado. Por ejemplo, Ana, que asumió que Simón no tuvo hijos porque decidió comprarse algo, no sabía que este empleó todos sus ahorros, que ascendían a 100.000 dólares, en tratamientos de fertilidad que no funcionaron. El tema es muy delicado y es importante ser sensible con los comentarios y las recomendaciones. A la hora de hablar de ampliar la familia, debemos comprender que no todos somos iguales, y que, aunque al ser humano le gusta andar en tribus y hacer las cosas que los otros hacen, existe una fuerza más grande que nosotros mismos que a veces controla nuestros destinos, actitudes y decisiones, muchas veces para nuestro bien.

Cuando una pareja toma la decisión de tener una familia, hay que planificar muchas cosas de antemano que pueden parecer triviales: el colegio al que irán, los valores con los que crecerán, dónde pasarán sus veranos, cómo se llamarán, etc. Pero antes de eso recomiendo que se converse sobre las preferencias de cada uno, si la adopción es una opción y si es como la visualizan, si los tratamientos de fertilidad son una opción y hasta cuándo lo intentarán, así como el número esperado de hijos. También debe tenerse en cuenta el presupuesto disponible o la meta que se trazará para administrar la economía familiar.

Los tratamientos de fertilidad deberán planificarse meticulosamente y la comunicación debe ser abierta. Quién se encargará de la parte financiera o cómo se pagará el tratamiento, entender que no es seguro al cien por ciento, y hacer todo lo posible (meditación, acupuntura, nutrición...) para mejorar las posibilidades... Hay multitud de aspectos que no se pueden dejar de lado.

Finalmente, hay que estar de acuerdo en la manera en la que se lo comunicarán a la familia y amigos. Aparte de planificar para el tratamiento sobre fertilidad en sí mismo, también existe la probabilidad de que, cuando uno hace un tratamiento de fertilidad, haya embriones que no sean fecundados y, por tanto, hay que considerar lo que se hará con ellos. Amanda y Fernando eran una pareja de actores exitosos que llegaron a la conclusión de que querían tener hijos, pero sabían que, por temas de trabajo, no podrían tenerlos en los siguientes años; en esa época ella estaba de gira por el mundo y él tenía un proyecto que desarrollar. Sin embargo, su edad les preocupaba. Decidieron hacer un tratamiento de fertilidad y fecundar todos los embriones saludables para un futuro cercano. Lamentablemente, al final se separaron y además tuvieron una enfermedad grave. Años después, él se casa con Samantha y quiere tener hijos, pero debido a su edad las probabilidades de concebir son menores y piensa en usar los embriones de la fertilidad pasada. Estos dilemas son muy delicados, pero es extremadamente importante hablarlos con antelación porque un ochenta por ciento de parejas que pasan por estos procesos termina separándose.

Con relación a la adopción, el mediático caso de Angelina y Brad puede servir de ejemplo y ayudarnos a aprender de los errores. Se ha sacado a relucir que ella no le comunicó a Brad sus intenciones de adopción, de crianza y de expectativas. Las entrevistas publicadas hablan de una diferencia de crianza, expectativas y decisiones que Angelina toma sin consultar y de la ausencia de Brad con alguno de sus hijos. Al final, aunque el patrimonio sea grande a pesar de que las finanzas se dividan, los niños son los que sufren al ver que sus padres se están separando.

A lo largo de este capítulo, hemos hablado de la importancia de la comunicación fluida, utilizando el método óptimo, para llevar a cabo una buena planificación económica conjunta. Solo de ese modo podrán evitarse problemas importantes como el abuso y la infidelidad financiera, y tomar decisiones como la ampliación de la familia, de manera concienzuda. Sin embargo, no todos los grupos toman las decisiones del mismo modo. En este manual, nos hemos propuesto llegar tanto a hombres como a mujeres de todo tipo. Por eso, es fundamental hablar de tendencias nuevas, de hacia dónde se dirige la comunicación de la pareja, de cuáles son o serán los problemas financieros de las parejas del siglo XXI, y cuáles son los desafíos y planes a los que se enfrentan. En este sentido, un capítulo sobre distribución de flujo no puede dejar de lado a una nueva generación de parejas que planifican y se relacionan de manera singular: los *millennials*.

Los *millenials,* unos objetivos particulares

Hace no mucho vi una viñeta en Facebook que captó mi atención porque me pareció que reflejaba muy bien lo que, en cierta medida, los *millennials* representan. En ella, se veía a una persona muy anciana abroncando a una joven. «Yo a tu edad ya trabajaba», le decía inquisitivamente. Y la joven, sin pelos en la lengua, contestaba: «Yo a tu edad todavía trabajaré». Aparte de la posibilidad de que los problemas del sistema de pensiones puedan hacer que los jóvenes tengan que trabajar hasta una edad avanzada, ¿qué significa ser *millennial* y vivir en pareja? Y la pregunta cuya respuesta desean poseer todas las empresas americanas (y globales): ¿cuál es su comportamiento financiero? De acuerdo con un estudio realizado por Goldman Sachs, los *millennials* son los jóvenes nacidos entre 1980 y 2000.[10] Una generación marcada por la crisis económica, la movilidad global y la tecnología.

La generación de consumidores de oro por antonomasia a la que todos quieren vender, no únicamente porque es numerosa —en Estados Unidos superaron los 92 millones en 2015 y suponen el 30% de la comunidad latina a nivel global—, sino porque sus características genuinas hacen que al mercado le cueste entenderlos. Este grupo de entre 15 y 35 años también se relaciona de manera distinta, haciendo que sus finanzas en pareja sean aún más indescifrables.

Hace unas semanas me escribió Francisco y me pidió que por favor me reuniera con él y su esposa. Son dos empresarios muy exitosos, con muy pocas deudas y una casa propia, pero no han logrado ahorrar. A ambos les gusta gastar y son *millennials*. Cuando les pregunté qué les gustaba hacer, me contestaron que «viajar por el mundo». Juntos habían viajado a Europa, pero les faltaba Asia, África y América del Sur. Cuando les pregunté si tenían deudas en las tarjetas de crédito me dijeron que no. Les pregunté cómo pagaban sus costos y me respondieron que antes de casarse hicieron un pacto. Ambos tenían un mal recuerdo de la experiencia de sus padres con las deudas y dijeron que no usarían la tarjeta de crédito a menos que la pudieran pagar; es decir, si cargaban algo era porque tenían ese monto depositado en una cuenta corriente separada. Me contaron que esa cuenta corriente era la segunda, porque la primera era para pagar las cuentas de la casa y la segunda era para pagar cosas que compraban que no eran fijas. Me empezaron a contar que su viaje por Europa «fue muy modesto». «No nos quedamos en hoteles de lujo, viajamos en tren y nos quedábamos en sitios donde podíamos cocinar y compartir con la comunidad en donde nos quedábamos», dijeron.

A lo largo de su historia descubrí que el concepto de su ahorro como pareja era para obtener «algo más». No lo tenían definido y, sin embargo, eran grandes «ahorradores», al demostrarme que podían irse de viaje quince días, pagarlo con la tarjeta e inmediatamente cubrir todo el saldo de la tarjeta antes de subirse al avión, con excepción de algunos gastos más pequeños como comida y *tours*. A este tipo de pareja yo le recomiendo tener una cuenta específicamente para lo que les apasiona. A medida que los conocí más, pudimos evaluar sus finanzas y empezar un proceso automático de invertir para su independencia financiera. Sin embargo, no hubiesen llegado a la conclusión sin antes evaluar sus valores, actitudes, prioridades y expectativas.

El ejemplo de Francisco y su esposa representa a la perfección a una generación con un plan financiero particular fruto de unos objetivos y expectativas financieras propios. Estas son las principales características de la actitud de los *millennials* ante el dinero:

1. Cambian de banco con frecuencia. De acuerdo con *Accenture*,[11] menos de un 33% de los jóvenes de entre 18 y 24 años considera que su banco actúa de manera transparente y correcta, y menos del 25% considera éticos a los bancos en general. Si a eso le sumamos que el uso de las plataformas bancarias *online* (un informe de Alix Partners y Monitise estableció que el 47% de los *millenials* hacen sus gestiones bancarias por el móvil, frente al 15% de la generación de sus padres) ha hecho que se pierda el contacto humano con el banco, la poca relación que los *millennials* establecen con su banco hace que cambien sin problema de uno a otro.

2. Son hijos de la crisis económica. Los *millennials* son la generación más inteligente. Como lo oyes, los resultados de las pruebas de inteligencia han ascendido mucho en los últimos años como respuesta a mejoras en nutrición y calidad de vida. Así es también la generación que tiene mayores niveles de educación formal. Sin embargo, la crisis económica ha hecho que sean los que tienen unos trabajos más inestables y con salario más bajo, y se enfrentan a situaciones como hacer frente a la vivienda y no poder empezar a considerar ampliar la familia. A todo esto, también confrontan el problema de los precios del alquiler: por un lado, quieren vivir en el centro, por la vida nocturna, las actividades culturales y las facilidades en el transporte; sin embargo, los precios de las habitaciones les asfixian.

3. Están inundados por deudas estudiantiles. Un estudio de PwC afirma que más del 52% de los *millennials* americanos está preocupado

por su capacidad para hacer frente a la deuda estudiantil.[12] Y no es para menos, porque el coste de los estudios universitarios no es proporcional al salario que obtienen tras obtener su título. Esto hace que comiencen la vida adulta debiendo dinero al banco, teniendo que postergar planes como pagar una vivienda o tener un hijo.

4. Tienen acceso a toda la información del mundo a través de sus *smartphones*, ¡y la usan para consumir! No solo están todas las marcas que ofrecen un mismo producto disponibles a un solo clic, sino que hay una cantidad tremenda de plataformas *online* para comparar precios y calidad de los mismos. Yelp, TripAdvisor o el mismo Google permiten que hagas una crítica (esperemos que constructiva) de productos y servicios. Así, a un nivel completamente distinto, ahora los *millennials* también pueden conocer, puntuar e incluso investigar a parejas o personas que les susciten interés a través de plataformas como Tinder o Happn, y las redes sociales. Los teléfonos inteligentes han convertido a los *millennials* en un cliente exigente y en un detective experto al que no es fácil complacer.

5. Son emprendedores. Los *millennials* son, por definición, aventureros e independientes, y esto aplicado a la economía se refleja en un fuerte sentimiento emprendedor. Solo hace falta echar una mirada a Silicon Valley para ver que los visionarios de las grandes plataformas digitales del momento son *millennials*. Pero, sin ser tan ambiciosos, conceptos como *permalance* (contrato *freelance* con un cliente con vigencia permanente) y empresas como DigitalOutpost, que organizan viajes de tres meses para *freelancers* de manera que puedan ir por todo el mundo sin dejar de trabajar (¡y sin perder el WiFi!), son fruto de la mentalidad emprendedora de los *millennials*. Yo misma me recuerdo pensando en los años noventa lo ideal que sería si pudiera hacer mi trabajo desde un portátil en mi hacienda frente al mar. En esa época eso no era posible, pero hoy es una realidad. De acuerdo con un estudio de 2017 de Deloitte sobre los *millennials*,[13] existe un potencial inmenso de automatización y

la mayoría quiere la flexibilidad de hacer *freelancing* con estabilidad a largo plazo. Según esta encuesta, realizada a 8.000 *millennials* de 30 países, graduados en la universidad y con posiciones superiores a tiempo completo, mayoritariamente en empresas privadas, las empresas están ofreciendo esa flexibilidad a un 73% de los *freelancers*. Y, a nivel mundial, el 69% de estos trabajadores autónomos han escogido tiempo flexible para trabajar. Lo más interesante es que el 44% de los *millenials* se va de la empresa tras 2 años, señalando como las causas más importantes el medio ambiente (un 59%) o la igualdad social (53%). Al mismo tiempo, el 31% favorece la industria de la educación y la salud.

Y, teniendo en consideración que los temas de más importancia para ellos son la paz, la igualdad, la salud, la seguridad, la economía y el medio ambiente, tiene sentido que la oficina sea virtual. Eso es algo que yo decidí cuando empecé mi negocio, porque tenía oficina en Perú, Aventura y Miami, y no entraban tantas direcciones en una tarjeta, por lo que al final decidí que mi trabajo fuera virtual y le quité la dirección a las tarjetas. Sé que para algunos negocios eso no es posible, pero es muy práctico.

De acuerdo con este estudio de Deloitte, los trabajos se harán remotamente y la mayoría de manera flexible en cuanto al tiempo, puesto, localización y contrato. Esta es la historia de Maria y Pedro. Él era programador de equipos y ella maestra de colegio. Al casarse decidieron mudarse de México a Francia porque allí había más trabajo y oportunidades para su familia. Ninguno dominaba el idioma, pero, como sus trabajos eran virtuales, todo lo que necesitaban era un portátil e Internet para laborar. María tenía clientes de todos lados del mundo, y Pedro, varias empresas como clientes. Antes de viajar estuvieron planificando sus finanzas para asegurar tener de unos tres a seis meses de gastos fijos, alquilaron un departamento temporal mientras tomaban clases de francés y felizmente mantuvieron a sus clientes clave para poder contar con la cuenta corriente mínima. Estimaron que podían hacer crecer su empresa porque cada uno estudiaría más de lo suyo, ya que en

Europa la universidad era menos costosa. Finalmente, se fueron con un bebe en brazos y pudieron salir adelante, pero fue porque ambos estuvieron de acuerdo. Acordaron las expectativas antes de subirse al avión y juntaron el dinero necesario para que no fuera un aspecto de estrés los primeros meses.

6. Vivienda y cosas materiales. Distinto concepto del ocio y las vacaciones. Quizás uno de los aspectos más característicos de los *millennials* es que prefieren las experiencias a las cosas materiales. Esto se materializa en que, por ejemplo, prefieren dar la vuelta a Europa con una mochila a ir a un resort en Florida. Y, más visiblemente, prefieren vivir con sus padres para ahorrar en gastos y poder permitirse aventuras y proyectos. Así, estos jóvenes no piensan en la adquisición de una vivienda como algo viable, ya que no tienen recursos económicos, están lidiando con la deuda estudiantil y tampoco tienen estabilidad suficiente para saber que van a poder hacer frente a un pago durante veinte años. Además, se podría decir que las tecnologías han sustituido al afán por comprar cosas materiales como un auto o música. Plataformas como Spotify o propuestas como Uber cubren sus necesidades casi al completo.

7. Poco conocimiento financiero e insatisfacción. Según un estudio elaborado por PWC, menos de un 25% de los *millennials* tienen educación financiera básica y no llegan al 10% aquellos jóvenes que tienen conocimientos económicos altos.

8. No ahorran para la jubilación. A esta crisis económica en la que han surgido los *millennials* podemos añadir la cuestión que se trata en la viñeta de la que hablamos al principio. A lo largo de las últimas décadas, la gente mayor ha subsidiado a la joven, pero en los países ricos esta tendencia está comenzando a invertirse con el envejecimiento de la población. Esto supone una carga económica para el Estado que recae sobre los *millennials*. Y ellos lo saben. Además, muchos o no tienen un salario lo suficientemente fuerte

como para destinar una parte a la jubilación o no tienen fe en el sistema de pensiones. Como consecuencia, solo el 36% de ellos tienen una cuenta para la jubilación, de acuerdo con PwC.

9. Los hijos pueden esperar, y el matrimonio no es necesario. La edad media para ampliar la familia ha ascendido significativamente. El factor económico ha sido importante, sí, pero también algo más: los *millennials* valoran su independencia y quieren vivir muchas cosas antes de dedicarse a sus hijos. El resultado ha sido postergarlo hasta pasados los treinta años.

10. Se preocupan por el impacto social de sus finanzas y prácticas. Me acuerdo de que, cuando de niña, mis padres me llevaban a Chosica en invierno para almorzar y pasar el día, yo veía por la ventana a algunas familias menos afortunadas que yo y pensaba que cuando fuera grande las ayudaría. Y también recuerdo pensar en dónde conseguiría todo el dinero que esto costaría. Y es que, tradicionalmente, ayudar se limita muchas veces a donar dinero o tiempo. Muy pocas veces viene alguien con una idea que no solo ayuda, sino crea un proceso que es sostenible con el tiempo. A estas personas las llamo filántropos modernos o catalizadores de impacto social. Ustedes pueden juzgar qué nombre es el mejor para estos profesionales, a los cuales entrevisté durante una conferencia que me tocó presentar con ellos. Las características más sobresalientes que presentaban eran que alineaban sus actividades con su pasión, pensaban constantemente en formas de mejorar los procesos y eran conectores innatos. Les presento a Adam, Jon y Tania.

    «La vida es un juego en el cual uno debe divertirse y ayudar a su prójimo». Este profesional pertenece a la quinta generación de filántropos puros, dan sin esperar nada a cambio y pasan la mayoría de su tiempo generando estrategias que alinean los valores de su familia y misión con las distribuciones y actividades que hacen. Por ejemplo, ponen el foco en el medio ambiente, ya que sus abuelos generaron mucho dinero en la industria del petróleo y del transporte.

La familia ha decidido ayudar a las comunidades e industrias que les dieron dinero a ellos y devolver mucha de esta riqueza en forma de protección al medio ambiente y a las familias. He tenido la suerte de conocer a dos miembros de esta familia y lo que más recuerdo son las ganas de salir adelante, ayudar y mantener los valores bien centrados. Es importante tener una misión familiar.

«El propósito del dinero se enriquece cuando uno lo comparte marcando la diferencia». Este profesional, a quien su padre dejó gran parte de su herencia de cientos de millones en forma de fundación para ayudar a los demás, también nos contó que lo más importante para dar es estar enfocados en el dónde y el cuándo. Ellos se especializan en ayudar solo a la región donde ellos viven en el sector de educación y niños. El mantenerse centrados en algo los ayuda a hacer un impacto más alto y también a poder priorizar sus distribuciones. Ellos se caracterizan por ser grandes conectores. Muchas veces, un contacto que viene de una muy buena referencia puede abrir puertas que no te imaginarías que se pudieran abrir. Si estás en una posición de dar o de recibir debes investigar en profundidad y alinearte con fundaciones que tengan experiencia en lo que tú quieres aportar o proponer.

«Mi mayor aporte es consolidar instituciones existentes y mejorar procesos». Esta empresaria se dio cuenta muy joven de que, en lugar de crear una organización, su mayor aporte sería usar su conocimiento para crear empresas con el certificado «B» y así poder juntar comunidades con empresarios. Las empresas «B» son empresas que en lugar de solo medirse por las ganancias financieras también se miden por sus ganancias de impacto social; es decir, el rendimiento de la empresa y su crecimiento tienen métricas diferentes de las de una empresa tradicional. Su proceso ayuda a treinta asociaciones y cientos de empresarios a alinearse con el certificado «B» en el mundo.

En mi libro *La familia y el dinero ¡Hecho fácil!* hablo de la importancia de administrar tu dinero, ahorrarlo, hacerlo crecer, protegerlo y compartirlo. Y en el instituto ayudamos a familias a que de una forma sostenible puedan mejorar sus finanzas. Pienso que el compartir tu dinero, tiempo y conocimiento es algo que debe hacerse con una alineación previa y con preparación de la familia para que pueda tener un impacto social duradero. Uno de los filántropos modernos y de alto impacto social que nació en mi querido Perú y que admiro es Gastón Acurio, por haber generado de una forma sostenible un alto impacto social, ayudando con educación y con corazón a incrementar la relevancia de nuestra comida. Acuérdate de que para ser un empresario exitoso debes compartir alineando tus actividades con tu pasión, mejorando procesos que puedan trascender y siendo un conector innato.

Los *millennials* son, sin lugar a duda, la generación del presente y han venido para quedarse. Por eso, el sector publicitario no es el único que debe intentar adaptarse a sus particularidades. Todos y cada uno de los ámbitos comerciales deben considerarlos y adaptar sus prácticas. Del mismo modo, los propios *millennials* también tienen que entender que hacen las cosas de manera distinta a generaciones precedentes. Y esto también se aplica a las relaciones en pareja. En este sentido, siempre me acuerdo de una pareja que vino a mí. Él quería comprarse el auto y una casa y ella quería alquilarlos. Al final, él se compró el auto más costoso y un año después, cuando quieren expandir su negocio, no les dan un préstamo porque los bancos ven la ratio de ingresos versus deudas. Cuando hagan decisiones en pareja siempre piensen a largo plazo. Como con cualquier pareja, uno de los pasos fundamentales para generar armonía financiera es establecer objetivos comunes. Si ustedes son una pareja joven, les propongo que realicen esta divertida dinámica para conocerse un poco mejor o dejar las cosas claras. Cada uno de los dos corte seis papelitos pequeños y escriba tres preocupaciones financieras y tres sueños por cumplir para los que se necesita dinero. Luego, organicen los doce papeles por orden de prioridad. Si tienen dificultades para saber qué escribir en los papelitos, recomiendo mi juego «Colores de tu dinero» para evaluar tus tendencias en cuanto a valores, organización, metas, ahorro, deudas, inversiones y protección. Algunas preguntas que pueden contestar son:

1. ¿Qué quieres que el dinero haga por ti?

2. ¿Qué quieres que el dinero no haga por ti?

3. ¿Qué estás dispuesto a hacer para lograrlo?

4. Tienes ochenta años, ¿qué lograste hacer?

5. Si no lo lograste, ¿por qué no?

6. ¿Qué quieres hacer con tu dinero?

7. ¿Qué significa el dinero para ti?

8. Se están separando por peleas de dinero, ¿qué pasó?

9. Llevan veinte años juntos, ¿qué hicieron bien?

10. ¿Qué es lo que más quisieras hacer en pareja con tu dinero?

11. ¿Cuál es el sueño que no tienes dinero para cumplir?

12. Si un día no tuvieras dinero, ¿qué harías?

Todas estas características son solo una fracción de lo que define a esta generación que está destinada a cambiar la manera en la que trabajamos, nos relacionamos y consumimos. Todavía hace falta que pasen años para que podamos hacer un retrato más claro de lo que son los *millennials*, y nunca se podrá enmarcar en una categoría rígida a un grupo tan grande y culturalmente diverso. Sin embargo, una cosa está clara: tienen un perfil singular y, como tal, también unos objetivos únicos que deben tenerse en cuenta a la hora de planificar las finanzas. Como acabamos de ver, una de las estrategias más útiles para llevar a cabo un plan económico que funcione es saber priorizar los objetivos. A menudo, estos son muchos y variados y nos podemos ver sobrepasados. Por eso, aunque los *millenials* y las parejas mayores tienen sus truquitos y dinámicas, para poder establecerlos es importante navegar por un mapa mental de metas, para determinar qué fines son los más importantes y urgentes. En la última sección de este capítulo ahondaremos en ello.

ESTRATEGIA – PRIORIZAR LOS OBJETIVOS EN LAS DISTINTAS ETAPAS DE LA VIDA ECONÓMICA

Un estudio reciente de Ameriprise señaló que el setenta y tres por ciento de las parejas tienen estilos diferentes de administrar el dinero y que incluso las parejas más felices discuten una vez al mes, como poco, por compras grandes, por decisiones con los niños y por cuestiones de gastos.[14] Por ello, es importante identificar las metas más comunes de las tres etapas de la vida financiera, y así establecer conscientemente una lista de prioridades financieras.

1. Etapa de acumulación
   a. Reduciendo deudas de las tarjetas, de la universidad
   b. Empezando a ahorrar para una casa nueva, un mejor auto
   c. Creando un fondo común para regalos y viajes

2. Etapa de administración
   a. Ya tienes tu fondo de emergencia con pocas deudas
   b. Sigues alimentando tu fondo para tu casa o nueva propiedad
   c. Empiezas a ahorrar para los niños, colegio, universidad

3. Etapa de inversión
   a. Empiezas a preocuparte por tu independencia financiera y creas un fondo para esto
   b. Sigues tu fondo para una propiedad
   c. Continúas con el fondo para la educación de tus hijos

ETAPA DE ACUMULACIÓN	ETAPA DE ADMINISTRACIÓN	ETAPA DE INVERSIÓN

Gráfico 3

En un mundo ideal, tus finanzas cumplirían con todos los elementos de cada etapa; sin embargo, muchas veces hay que escoger solamente una de las tres cosas señaladas. Por ejemplo, podrían surgir las siguientes preguntas en la etapa de acumulación: ¿pagarás las deudas o te vas de viaje y sigues cargando la tarjeta?, ¿sigues en tu casa o ahorras para una nueva? Estas decisiones son conflictivas porque, si cada miembro de la pareja prefiere cosas distintas, pueden acabar discutiendo. Por ejemplo, si tú prefieres las vacaciones y tu pareja quedarse y ahorrar para la casa, podrían acabar diciendo que uno es egoísta y que el otro no piensa en el futuro. Por eso recomiendo llegar a un compromiso. Como sabes, todo beneficio conlleva un costo, es decir, hacemos algo y dejamos de hacer otra cosa. En pareja, estos compromisos tienen consecuencias con las que tendrán que vivir durante muchos años, por lo que el resultado del compromiso debe ser algo de lo que ambos se beneficien, siempre que sea posible. En el caso de la elección entre vacaciones o casa, deberán trazar un presupuesto, en el quede claro qué ingresos se designarán para la compra de la casa y cuáles para las vacaciones; así como cuál es el efecto final si se van de vacaciones. Lo bueno de los números es que se puede ver claramente si el sacrificio merece la pena o no. Pueden contratar a un experto en finanzas que haga la evaluación o lo pueden hacer juntos. La clave está en la comunicación, en la confianza y en entender el porqué de las preferencias de cada uno.

Durante la siguiente etapa, administración, la disyuntiva irse de vacaciones versus comprarse una casa se complica porque ahora introducimos el factor niños, que necesitan ir a la escuela, ropa, actividades y útiles. ¿Cómo priorizar ahora? Es esencial que ambos se sienten, proyecten esos gastos y los agreguen al presupuesto por orden de importancia. ¿Qué es más importante, que tus hijos vayan a una escuela pública, pero puedan vivir en una casa más grande o que vayan a una escuela privada, pero vivan en una casa más pequeña? Y, si no hay flujo de caja, ¿se endeudarán para pagar una escuela privada si la pública es buena? Dependerá de los valores y gustos de la pareja.

Después de haber calentado motores viene la tercera etapa, que aborda la cuestión de que ustedes como pareja quieren su independencia financiera y también quieren mandar a los hijos a una buena universidad.

¿Qué hacen: ahorrar para su independencia financiera o para la universidad? Existen cuentas para ambas metas, que te ayudan a ahorrar más y que, generalmente, ofrecen ventajas tributarias. Hay que investigar, preguntar en sus bancos y asesorarse con consultores que se especializan en finanzas familiares. Existen más opciones de financiación para la universidad que para la jubilación. Los préstamos se pueden pagar con el transcurso del tiempo; sin embargo, no se puede pedir prestado para la jubilación.

Si se planifica con tiempo, se puede ahorrar para la jubilación y para la universidad estableciendo expectativas claras y teniendo también un buen plan con los hijos.

Ejercicio **Capítulo 2**

Establecer objetivos juntos

Antes de pasar al tema de los gastos, cada uno de ustedes debe entender sus objetivos individuales, así como sus objetivos como pareja. Esta es una de las claves para permanecer juntos, que ambos vean el futuro y esbocen un cuadro de cómo será.

Ambos deben enumerar tres objetivos personales y tres objetivos como pareja. Asignen un plazo a cada uno de ellos, así como también un componente financiero. Asegúrense de que cada uno de sus objetivos personales incluyan los ámbitos: vida profesional, pasatiempos, deportes y lo espiritual. Los objetivos como pareja deben referirse a la familia, la casa y lo espiritual.

OBJETIVO	TIEMPO PARA LOGRARLO	RESPONSABILIDAD CONJUNTA
Objetivo #1		
Objetivo #2		
Objetivo #3		

OBJETIVO	TIEMPO PARA LOGRARLO	RESPONSABILIDAD CONJUNTA
Objetivo #1		
Objetivo #2		
Objetivo #3		

Ahora que tienen un par de objetivos como pareja, comiencen a crear un flujo de efectivo. Tiene que haber un propósito para administrar bien el dinero, y no debe ser solamente para pagar las cuentas. Debe ser para crecer, para crear, para tener libertad. La única manera de lograrlo es con cierta disciplina. Durante el Paso 2 nos hemos centrado en aprender a establecer objetivos conjuntos e individuales. Es fundamental que te sientas cómodo con este tema, ya que determinar las metas financieras es el primer paso para administrar las finanzas familiares de manera saludable. Con lo aprendido en el Paso 1 y el Paso 2, podemos pasar a la acción, ¿no crees? No dejes de prestar atención a todos los consejos, ¡vas por buen camino!

CAPÍTULO 3

PASO 3

Crea un plan de gastos que funcione

La lista de ingredientes para la poción mágica de cómo uno debe administrar sus gastos es única; escuchar a tus amigos y familiares puede ayudar, pero ten en mente que todo depende de la personalidad de tu pareja, de sus valores y objetivos. Mi experiencia con parejas me ha enseñado que lo que funciona con uno quizás no funcione con otro o lo que cuesta mucho con una relación es fácil con otra. Cuando conocí a mi pareja, nuestros valores respecto al dinero eran opuestos y nunca pensé cómo afectaría mi relación porque mis padres me criaron para ser independiente, haciendo hincapié en que la deuda no es buena. El tener a una pareja diferente, a la que enseñaron a disfrutar de la vida y le inculcaron que la deuda es parte de esa vida, al principio fue difícil. Lo que yo comparto es lo que he observado con mis clientes, talleres y programas y he vivido usando mi vida como ejemplo. Porque, si bien nuestras personalidades, culturas y valores eran opuestos, encontramos respeto y compromiso para que el amor que nos tenemos pueda seguir creciendo. Lo que nos ha ayudado en las altas y las bajas ha sido el poder del compromiso, de llegar a un acuerdo, de evaluar la situación de afuera y, en los peores momentos, cuando el experto no estaba disponible, forzarnos a crear una solución, entender que las cosas no pasan por azar, sino por causa y efecto.

Ahora mi pareja se ha vuelto más consciente con respecto al dinero. «He aprendido el valor del dinero», me confesó hace unos años. Frases de ese tipo me llenan el corazón. Tenemos una relación más madura y con más entendimiento y decidimos juntos las finanzas. ¿Cómo lo hacemos? Hemos tratado todos los métodos y, dependiendo de nuestros ingresos y condiciones a lo largo de los años, algunos han funcionado y otros no. Lo que siempre hacemos es el presupuesto de la casa y esa es nuestra prioridad porque creemos que antes de los variables siempre se cubren los fijos. Tenemos una cuenta conjunta, donde cada uno deposita dinero y ambos tenemos además cuentas separadas para las cosas personales. En este capítulo comparto un proceso que te ayudará a decidir qué estrategia es mejor para ti: la elaboración de un plan de gastos.

Anteriormente hablamos de establecer objetivos financieros con tu pareja, y recalcamos la importancia tanto de tener una comunicación fluida como de saber priorizar. En este capítulo hablaremos de poner en marcha el mejor plan de gastos para ti y tu pareja. No tiene que ser igual a lo que hacen los demás, solo tiene que adaptarse a tu personalidad. Para ello, comenzaremos con un par de preguntas de autoconocimiento y seguiremos con un pequeño test para que veas qué perfil encaja más contigo. Después de estas dos secciones de inicio habituales, abordaremos una cuestión eminentemente práctica: cómo hablar de dinero en las diferentes fases de su relación, en vistas a elaborar un plan de gasto y de ahorro conjunto. Para calentar motores, responde a estas preguntas:

- ¿Sabes cuánto dinero tienes en tu cuenta?
- ¿Alguna vez te has parado a pensar en cuánto te gastas al mes en total en tus pequeños placeres?

- ¿Cuánto tiempo llevas ahorrando?
- Cuando sales con amigos, ¿eres de los que siempre invitan?

Seguro que, al responder a estas preguntas sencillas, te has dado cuenta de que quizás tienes un agujero en el bolsillo... Si es así, presta especial atención para ponerle un parche a los pantalones y que solo se vaya el dinero de manera consciente.

TEST – ¿CUÁL ES EL DESTINO DE TU DINERO?

Antes de profundizar un poco más en la planificación de gastos, puedes responder a este test para saber cuál es el destino de tu dinero. Recuerda que no es un examen y que nadie te va a juzgar, así que responde con sinceridad. Necesitas conocerte mejor, para abordar este capítulo con éxito.

1. Cuando pienso en ahorrar:
   a. Lo hago antes de gastar automáticamente.
   b. Eso no es posible.
   c. Me encantaría aprender cómo hacerlo.
   d. Creo juegos y me esfuerzo para aumentar la cantidad que ahorro cada vez.

2. Uso las tarjetas de crédito:
   a. Solo para obtener recompensas.
   b. Para gastar en cosas que no puedo pagar.
   c. Cada mes cuando me quedo sin dinero.
   d. Para comprar cosas costosas, pero las pago en su totalidad a final del mes.

3. Si veo algo que quiero y que no está en mi presupuesto:
   a. Pongo en marcha un plan de ahorros para poder permitírmelo pronto.

b. Lo añado a mi presupuesto y sacrifico un gasto fijo para comprarlo.

c. Lo compro con mi tarjeta de crédito.

d. Averiguo cómo puedo aumentar mis ingresos para poder permitírmelo.

4. Cuando me siento estresado:

a. Voy al gimnasio o corro por el parque.

b. Me voy de compras.

c. Como mi comida favorita.

d. Llamo a mis amigos y paso el rato con ellos.

5. Si encuentro dinero en la calle y no puedo localizar a su dueño:

a. Lo guardo para una buena causa.

b. Me compro algo inmediatamente.

c. Voy a mi restaurante favorito.

d. Lo guardo para algo que no pueda permitirme.

Si la mayoría de tus respuestas fueron «a», eres un gastador consciente; si la mayoría fueron «d», eres un recolector; si la mayoría fueron «b», eres un gastador empedernido; y si la mayoría fueron «c», eres un gastador en rehabilitación. Pero ¿sabes qué caracteriza a cada uno de estos perfiles?

Gastador consciente – Gasta menos de lo que ahorra, pero no se priva de las cosas que quiere solamente para poder crear un fondo de bienestar. Tiene flexibilidad para adaptarse a distintos planes financieros y es consciente de cuando derrocha, pero en ocasiones peca de caprichoso a la hora de consumir.

Recolector – Tiene muy asumida la importancia de ahorrar y por eso limita lo máximo posible sus gastos. Puede que si no le conoces pienses que es tacaño o excesivamente avaricioso. Cabe destacar su disciplina y que tiene posibilidades de ahorro significativas. Por otro lado, tiende a seguir un modo de vida rígido y rutinario para no salirse del presupuesto. Es poco flexible.

Gastador empedernido – No sabe cuánto dinero entra y cuánto sale. Vive para hoy y mañana ya será otro día. Tiene poco autocontrol y a menudo se mete en deudas sin prácticamente darse cuenta. Su fortaleza es la generosidad. Tiene poca disciplina y puede resultar peligroso dejarle administrar dinero ajeno o el común de la pareja.

Gastador en rehabilitación – No ahorra nada y es consumidor por naturaleza. Es consciente de los peligros de derrochar sin mesura, ya sea porque haya tenido que lidiar con situaciones de deuda complicadas en el pasado o por un sentido de la responsabilidad adquirido, y por eso tiende a mostrar un poco más de autocontrol que los gastadores empedernidos. Es generoso y quiere mejorar su comportamiento financiero, aunque a menudo sus hábitos de consumo pueden meterle en problemas.

¿Qué resultado has obtenido? ¿Y tu pareja? Siempre puedes trabajar para cambiar aquellos aspectos de tu personalidad que te convenzan. Incluso en aquellos casos en los que ambos tienen la misma personalidad, hay espacio para mejorar. Pensaba que no existían muchas personalidades afines que se atrajesen, pero en los últimos tres años de consultorías a empresas familiares he podido conocerlas. Por lo general, es un contable que se casa con otro contable o un economista que se casa con un inversionista. Ambos ahorradores claros. Estas parejas se caracterizan por planificarlo todo; algunos hasta saben a dónde irán de vacaciones en tres años e incluso están pagando o separando ya el dinero necesario para ello. El único riesgo con esta pareja es que se vuelvan locos el uno al otro. Uno debe ser el líder y marcar las expectativas.

Fue casi cómico cuando una pareja de clientes, ambos ahorradores, me pidieron que los ayudase en sus finanzas porque se iban a mudar para vivir juntos y no sabían cómo separar las cuentas, quién pagaría qué. Él se mudaría con ella y ella, como buena ahorradora, ya tenía su casa propia; él vivía con ella ahorrando, pero no estaba contribuyendo. En este caso hay que establecer las prioridades como pareja: cuánto es lo que uno tiene que pagar para vivir juntos si la casa es propia de ella, o si él deberá pagar el equivalente en otras necesidades, como comida, etc. Por otro lado, deben compartir para qué están ahorrando cada uno (en este caso ella ahorraba para su carro y él para su formación laboral). Conversar sobre finanzas de manera abierta es el mejor antídoto para las discusiones en cuestiones relacionadas con el gasto.

Dos de mis clientes, Pat, la ahorradora, y Bill, el gastador, representan un ejemplo de éxito financiero entre polos opuestos. Han vivido juntos durante mucho tiempo y han logrado establecer y lograr sus objetivos. Pat decidió dejar de trabajar después de que acordaran tener un bebé. A Bill le estaba costando cubrir las finanzas mensuales porque Pat era la que ganaba más. Pudieron permitirse el lujo de cubrir los dos años sabáticos de Pat antes de su vuelta al trabajo gracias a que cada uno de ellos tenía una cuenta de ahorros y un fondo para el bebé. La forma en la que administran sus finanzas consiste en que ambos depositan sus ingresos en su propia cuenta y hacen un depósito adicional a medias en la cuenta conjunta para los gastos del hogar. Pat se asegura de que las cuentas sean pagadas y Bill comprueba que los objetivos tales como vacaciones, educación y mejoras sean financiados. Llevan diez años juntos.

Cuando le preguntas a Pat qué tiene Bill o a Bill qué tiene Pat en términos de ahorros, no saben la respuesta. Confían lo suficiente en su pareja como para saber que esos ahorros son para su bienestar mutuo. Independientemente de si se acaban de conocer o de si ya estás mirando vestidos de novia, siempre es buen momento para, como Pat y Bill, hablar de aquellos aspectos financieros que te inquietan.

CONVERSAR SOBRE DINERO EN LAS DISTINTAS FASES DE UNA RELACIÓN

Para que su relación tenga éxito, tienen que llegar a un acuerdo sobre el papel que desempeñará el dinero en su matrimonio. El amor puede ser ciego, pero tiene muy poco que ver con el dinero. Si sus valores sobre el dinero son distintos y toman decisiones financieras que no representan las actitudes de cada uno sobre el tema, van a tener problemas graves en su relación. No se trata de cambiar quién eres o lo que valoras para tener una relación sólida, sino que hay que saber que es muy importante discutir los asuntos de dinero en cada etapa de la relación para asegurarse de que se sitúan en la misma página lo más pronto posible y seguir adelante como equipo. Existen varios enfoques para abordar las finanzas familiares. Gracias a mi trabajo con miles de familias y después de preguntar a cientos de personas acerca de la forma en la que manejan sus gastos, me he dado cuenta de que cada enfoque tiene sus pros y sus contras. Aquí tienes un gráfico para ayudarte a elegir:

Enfoque individual

VENTAJAS	DESVENTAJAS

Enfoque en conjunto

VENTAJAS	DESVENTAJAS

Enfoque «Ni aquí ni allá» «Una parte es mía, una parte es nuestra».

VENTAJAS	DESVENTAJAS

Gráfico 4

1. El enfoque individual: el que gana el dinero tiene la última palabra.
   a. Cómo funciona: el sustentador de la familia deposita su salario en una cuenta y paga todo. Elige ahorrar o gastar y tiene todo el control.
   b. Ventaja: si es un buen socio financiero, todo suele estar bien.
   c. Desventaja: no hay transparencia, la comunicación podría sufrir y no hay espacio para el trabajo en equipo.
   d. Cuándo funciona mejor: cuando se ha acordado mutuamente, gastador con gastador o inversionista con gastador.

2. El enfoque en conjunto: lo mío es tuyo y lo tuyo es mío.
   a. Cómo funciona: abrirán una cuenta conjunta y ambos salarios irán a parar a esa cuenta. Utilizan esos fondos para pagar la casa, sus gastos personales y para los gastos familiares en general.
   b. Ventajas: transparencia, certeza de que primero se cubrirán los gastos comunes.
   c. Desventajas: riesgo de gastarlo todo, pues no hay controles ni equilibrios. No hay mucho espacio para ahorrar y falta independencia.
   d. Cuándo funciona mejor: cuando un ahorrador se casa con un ahorrador o cuando un inversionista se casa con un inversionista. Cuando tengan personalidades iguales.

3. El enfoque «ni aquí ni allá»: una parte es mía, una parte es nuestra.
   • Cómo funciona: cada compañero tiene una cuenta separada donde deposita sus ingresos. Cada mes ingresan una cantidad en una cuenta conjunta en un porcentaje previamente establecido, que puede ser de mitad y mitad o estar basado en los ingresos de cada persona.
   • Ventajas: un control individual completo sin dejar de lado los gastos conjuntos, buen compromiso y espacio para el ahorro individual.

- Desventaja: cuando un compañero no contribuye, el otro debe suplirlo.
- Cuándo funciona mejor: cuando un ahorrador se casa con un gastador o cuando un ahorrador se casa con un dador. Personalidades opuestas.

Ten en cuenta que estos enfoques no son permanentes ni rígidos, sino que se adaptan a las particularidades de cada persona y pareja y pueden cambiar conforme pasa el tiempo. Si te paras a pensar, te darás cuenta de que su relación no es igual hoy que el año que empezaron a salir; y si, afortunadamente, siguen juntos en la vejez, probablemente gestionarán sus finanzas familiares de una manera completamente distinta a como lo hacen ahora.

Por eso, a continuación daremos una serie de consejos para que sepan hablar correctamente de dinero en cada etapa de su relación. Recuerda fomentar una relación saludable con tu pareja respecto a las finanzas. Algunas de las preguntas más prudentes que debes hacer son:

¿Cuál es tu estrategia de ahorro?
¿Cómo gastas tu dinero?
¿Cuál es tu calificación crediticia en el último año?
¿Cuánta deuda estás trayendo a la relación?
¿Cómo lidiaremos con esto como pareja?

Ciertamente, pedir un informe de crédito o una declaración de impuestos en tu primera cita no es la manera de asegurar una segunda cita. Sin embargo, hay preguntas vitales que puedes hacer para guiar cada fase de tu relación, sin importar el grado de compromiso existente. Hagan las preguntas sobre finanzas adecuadas y sean conscientes de las señales que pueden ayudarles a navegar por cada fase de su relación de tal manera que se aseguren de que ambos están en la misma página. Solo así podrán superar la barrera de tener distintas personalidades financieras y de gasto, elaborar unos objetivos comunes y planificar el gasto y el ahorro a largo plazo.

¿Cuál es tu estrategia de ahorro?

¿Cómo gastas tu dinero?

¿Cuál es tu calificación crediticia en el último año?

¿Cuánta deuda estás trayendo a la relación?

¿Cómo lidiaremos con esto como pareja?

Gráfico 5

1. ¿Quién paga por la primera cita y por las citas posteriores? ¡Qué pregunta tan provocadora! Los tradicionalistas dejan que los hombres paguen sí o sí. Otros creen que debes pagar por la primera cita si tú fuiste quien invitó. Por el contrario, algunas personas que salen por primera vez se sienten con libertad para pagar su cuenta y dividen la factura. Si ofreces dividir la cuenta, podrías estar insinuando que no estás interesado en seguir con la relación. Es importante que tengas en cuenta que cuestiones como quién paga, quién insiste, quién se ofrece y quién no pueden darte mucha información sobre cómo tu pareja piensa en el dinero y hacia dónde cree que va la relación. ¿Dónde trabajas y cuáles son tus sueños para el futuro? ¿Cuál es tu empleo ideal? Te intriga saber qué hace tu compañero potencial para ganarse la vida y cuáles son sus aspiraciones. Por supuesto, conocer esta información sobre ocupación te dará una imagen de tu compañero respecto al éxito profesional, al mismo tiempo que evitas preguntar explícitamente sobre ganancias en las primeras citas. Tampoco es totalmente descabellado interesarte por lo que le gustaría estar haciendo en cinco años, lo que te dará una idea clara de sus expectativas para el futuro. No hagas preguntas respecto a los salarios y bonificaciones al principio, porque puede que lo asustes.

2. Estás comenzando una relación y ahora quieres aprender más sobre el comportamiento de gasto de tu pareja. Las mujeres consideran que la responsabilidad financiera es igual de importante que el sexo y la intimidad a la hora de encontrar una pareja compatible. Sin embargo, debido al hecho de que muchas personas se incomodan pensando que tienen que sincerarse respecto a sus patrones de gastos, quizás te venga bien darte cuenta de la importancia que tuvo la forma en que tus padres manejaron el dinero y cómo te sientes acerca de su papel en tu vida. Inicia la conversación haciendo las siguientes preguntas: ¿el dinero para ti simboliza amor, seguridad, poder o control?, ¿opinas que el dinero es algo que debe ser acumulado y guardado para el futuro?, ¿o ves el dinero como un vehículo que debes gastar libremente sin pensar en el mañana? Además, puedes comenzar un ejercicio de

gasto para determinar si has encontrado una pareja compatible. Prepara tus primeras vacaciones para analizar sus patrones de gastos discretamente. Observa sus primeras reacciones a las siguientes cuestiones del viaje: ¿deseas volar en primera clase?, ¿te molestaría si un pasajero en el vuelo obtuvo una tarifa mucho mejor que la tuya?, ¿quién pagará las vacaciones?, ¿debemos crear un presupuesto por adelantado?, ¿sería aceptable para ti establecer límites de gastos presupuestarios específicos, tales como alojamiento y alimentación?

3. Saber la situación financiera de ambos es clave para prepararte para el siguiente paso: convivir o casarse. ¿Tu pareja tiene antecedentes de tener sus tarjetas de crédito al límite o de gastar más allá de sus ingresos? Comparen calificaciones crediticias, ya que es mejor saberlo ahora que cuando estén firmando una hipoteca juntos. Las buenas calificaciones crediticias crean un perfil de fiabilidad, de una persona estable y un compañero sólido. Por otra parte, es importante no dejar de lado el tema de las deudas. ¡Las mentes inquisitivas quieren saberlo! Nadie quiere encontrarse con esqueletos financieros en sus armarios… Una forma de averiguar si tu pareja debe dinero es preguntando si ha tenido problemas financieros en las siguientes áreas: tarjetas de crédito, préstamos estudiantiles, préstamos de automóviles, hipotecas o gravámenes de su casa, quiebras o gravámenes tributarios pasados, manutención no pagada. Esencialmente, conocer estos pasivos y la situación financiera de ambos es clave para prepararte para el siguiente paso, que es mudarse juntos o incluso el matrimonio. Es fundamental determinar si estás arriesgándote mucho al asumir el bagaje financiero de tu pareja. La forma menos invasiva es que ambos pidan su puntaje crediticio y lo revisen juntos. De esa forma habrá transparencia en la sección de créditos. Esto es importante para las futuras compras juntos, como autos, casas y préstamos para formar empresas.

4. ¿Quieres convivir conmigo? ¡La convivencia definitivamente cambia las relaciones! Estás señalando que una relación tiene futuro dando

el paso de mudarse juntos. También estás compartiendo los gastos del hogar, tales como alquiler, servicios públicos y alimentos. Asegúrate de que tú y tu pareja tengan una conversación franca y detallada para poner en orden quién va a pagar las facturas. ¿Cómo gastarán juntos? ¿Quién comprará la comida? ¿Cómo se dividirán el pago del contrato de arrendamiento? Discutan todo antes de vivir juntos. ¿Ambos nombres estarán en el contrato de arrendamiento? ¿Los gastos se repartirán a la mitad cada uno?

¿Cuánto ahorras? ¿Tu pareja vive de sueldo en sueldo? ¿Tu pareja tiene un fondo para emergencias para seis meses? Discute tu plan actual de gastos con tu pareja. Comparte con tu pareja cómo ahorras e ideen ambos un plan que funcione. Acuerden hacer frente a los siguientes factores antes de cohabitar:

- ¿Todos los gastos se dividirán a la mitad cada uno? Si no es así, ¿cómo los dividirán?
- ¿Ambos nombres estarán en el contrato de arrendamiento?
- ¿Cada uno de ustedes tendrá un plan de ahorro o fondo para emergencias?

Pueden cambiar la forma en la que hacen las cosas después de que hayan vivido juntos durante un tiempo, ¡pero no esperen hasta entonces para discutir cómo van a manejar los asuntos de dinero que afectan a ambos!

5. Tuyo, mío o nuestro cuando nos casemos. ¡Muchas felicidades en tu decisión de casarte y hacerlo oficial! Antes de embarcarte en la preparación de tu boda y tu luna de miel, es imprescindible comunicar cómo tú y tu pareja manejarán la unión y separación de sus finanzas. Ten en cuenta los siguientes aspectos durante el proceso: ¿cómo deben dividir su dinero?, ¿deben mantener cuentas corrientes, de ahorros y de tarjeta de crédito separadas, o abrir cuentas conjuntas?, ¿sería inteligente unir todas sus ganancias y activos o sería mejor tener una mezcla de cuentas individuales y conjuntas? Debes anotar las respuestas y ser honesto sobre los activos

que deben combinarse y aquellos otros que deben mantenerse separados. En algunos casos, pueden llegar a un acuerdo de tener una combinación de cuentas conjuntas y separadas, un arreglo adaptativo que puede ser mejor para ti si tienes obligaciones financieras o préstamos estudiantiles que pagarás por tu cuenta. ¿Cómo debes dividir tu dinero? ¿Deberán unir todos sus ingresos y activos o, por el contrario, es mejor mantener cuentas bancarias separadas? ¿Conviene que cada persona mantenga siempre una cuenta separada como una forma de asegurar la independencia? Debes anotar todas las cosas que acuerdes con tu pareja: qué dinero debe ser compartido, qué dinero puede mantenerse separado y cómo se financiarán esas cuentas. Así será más fácil construir confianza en la relación, al ser honestos sobre cuánto dinero ganan y cuánto gastan. Si son capaces de dominar este paso, de tomar decisiones financieras juntos, tendrán un gran indicador de la calidad de su relación y compromiso del uno con el otro.

6. Una vez casados, ¿qué reglas o parámetros establecerán para el gasto individual? Establezcan directrices que ambos deberán seguir y respétenlas. Informen al otro antes de gastar más de 100, 500 o 1.000 dólares. O bien establezcan que no tienen permitido hacer comentarios sobre las compras que hizo cada uno con su dinero personal. ¿Debes realmente juzgar a tu pareja por cualquier compra hecha con una cuenta separada? Otra cuestión recurrente es cómo debemos planificar para el futuro ahora que estamos casados. ¿Ahorraremos para una casa o ese es un compromiso que puede convertirse en un hoyo financiero? Es importante que tengan presentes los factores que no pueden controlar, como la muerte y la protección de los seres queridos, con la planificación sucesoria. Asegúrense de cumplir las reglas acordadas para crear equidad en la relación. Prioricen estos objetivos para que se ajusten a un presupuesto basado en sus necesidades y deseos.

Colócale una puntuación del 1 a 10 a los siguientes elementos basándote en su prioridad en tu vida:

	TÚ	TU PAREJA	¿CÓMO LO LOGRARÁS?
Encontrar el trabajo de tus sueños			
Comprar una casa grande			
Viajar por todo el mundo			
Tener una familia			
Ahorrar para la jubilación			
Empezar una empresa			
Cuidar a padres ancianos			
Quedarse en casa para el cuidado de la familia			
Ganar el dinero necesario para cumplir nuestros sueños			
Ser activo en la comunidad			

Gráfico 6

Aunque pueda resultar incómodo, debes dejar las cosas claras desde el principio cuando hables de dinero con tu pareja. No solo con el objetivo de decidir quién se va a ocupar de cada aspecto diario que atañe a las finanzas de la pareja y cómo lo va a hacer, sino también para decir qué cosas no quieres llevar a cabo o no te gustan.

Recuerda que las críticas son necesarias y ayudan a fortalecer los vínculos, siempre y cuando sean constructivas y se digan con cariño. Muchas personas evitan hablar de las cosas que no les gustan porque consideran que carecen de importancia, pero cuando se van sumando y no se habla de ellas pueden derivar en problemas más serios. Se llama asertividad a la capacidad de expresar lo que quieres y no quieres, actuar en consecuencia y, además, hacerlo de manera educada sin hacer daño a los demás; y es una habilidad fundamental para alcanzar el equilibrio equitativo. Algunos de sus beneficios son la mejora de las relaciones al reducir conflictos, el aumento de la autoestima al hacerse respetar y un mayor ajuste emocional, anulando el resentimiento o el enfado. Esto, aplicado al campo de la economía familiar, ya de por sí complicado, puede marcar la diferencia. En general, dos cabezas piensan más que una. Tener a un compañero trabajando en aspiraciones financieras específicas contigo y proporcionando retroalimentación y estímulo hará que alcanzar ese objetivo sea mucho más fácil. Después de todo, probablemente descubrirán que es más fácil ahorrar juntos que por separado.

Plan de ahorro – Estrategias para poner en práctica

¿Tú y tu pareja viven de acuerdo con el proverbio de Benjamin Franklin: «Un centavo ahorrado es un centavo ganado»? Sorprendentemente, los hábitos de ahorro de tu pareja pueden ser igual de reveladores que sus patrones de gastos. Tienes que darte cuenta de que, para algunos, «ahorrar» es vivir de sueldo en sueldo.

¿Tu futura pareja tiene una gran cuenta de jubilación o un nido cómodo? ¿Por lo menos tiene un fondo para emergencias de seis meses para cubrir gastos fijos si se produce un evento de vida o una pérdida de trabajo imprevisto? Si tu pareja no ha planificado para esas circunstancias, ¿qué cantidad necesita? ¿Y qué pasos necesita realizar para lograrlo? No hay problema si tú y tu pareja tienen respuestas diferentes a estas preguntas. Trabajar en conjunto para ahorrar es un paso esencial de la pareja y una buena forma de descubrir sus diferencias. Y es que, aunque la mayoría de los adultos sabemos que el ahorro y el contar con un buen paraguas de protección financiera es algo importante, no todos tenemos el hábito de ahorrar. No te preocupes, porque nunca es tarde para incorporar hábitos económicos saludables. Tanto si eres un principiante a la hora de no gastarte tus ganancias del mes como si eres de los que ahorras hasta el último centavo, te recomiendo que tengas en cuenta las siguientes estrategias:

- **Analiza tus hábitos de consumo**. Si te paras a mirar tus gastos de la semana echando un vistazo a tu extracto bancario, probablemente te darás cuenta de que hay una serie de gastos que se repiten y que no son necesarios. No suele tratarse de grandes sumas de dinero. ¡De esas nos damos cuenta inmediatamente! Se trata de pequeñas consumiciones diarias, como un café, que al final del mes pueden ser un pellizco significativo. No se trata de que de repente te quites los pequeños placeres, como tomarte un cruasán en tu pastelería favorita, sino de que seas consciente de ellos, los incluyas en tu presupuesto mental y decidas cuáles de ellos te compensan y cuáles no. Esto se conoce como «gratificación pospuesta» y hace referencia a que, si uno se abstiene de ciertos placeres momentáneos, podrá alcanzar otros mucho más importantes más tarde. Has de ser consciente tanto de tus grandes gastos como de los pequeños, y así evitarás sorpresas a fin de mes. Recuerda: la falta de organización y control es lo que más afecta al ahorro.

- **¿Realmente lo necesitas?** De camino al trabajo, no puedes evitar fijarte en que hay varias tiendas de ropa que están de rebajas; además, los comerciales de la televisión anuncian un nuevo producto que va a hacer tu vida más fácil. ¡Tienes que comprarlo, al final te acabará ahorrando tiempo! No te preocupes, le pasa a cualquiera. Vivimos en una sociedad que nos bombardea con publicidad de manera constante y, antes de que nos demos cuenta, no solo hemos dejado de ahorrar, sino que se acumulan las deudas de los productos o servicios que no necesitamos. Esta dinámica de gasto afecta a nuestra economía familiar de manera evidente, pero también puede tener consecuencias sobre nuestro crédito. Y cuando tengamos problemas de verdad, o queramos pedir un préstamo, tendremos dificultades para obtenerlo. La buena noticia es que este problema tiene fácil solución. Siempre que vayas a realizar un gasto de más de 100 dólares pregúntate si verdaderamente lo necesitas, si lo tienes que comprar ahora mismo y cómo será tu vida si no lo tienes.

- **Ahorrar mañana, en lugar de hoy**. En muchas ocasiones cometemos el error de convencernos de que solo hay que ahorrar en grandes cantidades y acabamos posponiéndolo para cuando tengamos un mejor salario o para cuando recibamos una suma de dinero importante de golpe. Ambos casos no son circunstancias frecuentes y el resultado es que no ahorramos nada. Ante esto, siempre recuerdo lo que me decía mi madre: «Muchos poquitos es mejor que mucho una sola vez».

- **Establece una rutina de ahorro**. El ahorro es una práctica que debe llevarse a cabo de manera regular y siguiendo los mismos parámetros cada vez. Independientemente del volumen de tu cartera, es importante que ahorres de manera sistemática, para que se convierta en un verdadero hábito. Así incorporarás a tu vida una disciplina beneficiosa al mismo tiempo que darás un buen ejemplo a tus hijos. Los niños aprenden tanto lo que les enseñamos de manera directa como lo que ven que nosotros hacemos. Son verdaderas esponjas y podemos enseñarles a ahorrar en etapas tempranas solamente dando ejemplo.

- **Tomar las decisiones de ahorro familiar de manera conjunta**. Algunas decisiones, como la cantidad a ahorrar, el determinar qué gastos son prescindibles y el destino de nuestros ahorros, deben tomarse dentro de la familia. Imagina que la familia es como una pequeña empresa en la que todos son directores generales. Hagan reuniones del «consejo ejecutivo» de manera periódica. De este modo, todos en la familia tendrán que asumir la tarea compleja de ahorrar, pero también tendrán el mérito de conseguirlo.

- **Establezcan juntos tres sumas concretas que sirvan de referencia**. Determina con tu pareja tres cantidades: una cantidad que sirva de límite máximo a gastar, otra que sea un límite simbólico y otra que sirva como ejemplo de gasto razonable. Como un semáforo que te avisa de cuándo puedes cruzar (verde), cuándo puedes atravesar la calle con precaución (amarillo) y cuándo debes quedarte parado (rojo), este presupuesto servirá de referencia y de método para el autocontrol.

Gráfico del semáforo

VERDE	AMARILLO	ROJO
Cantidad que sirva de límite máximo a gastar	Límite simbólico	Gasto razonable

Gráfico 7

- Evita aquellos lugares que te motiven a consumir compulsivamente. Evitar lugares como los centros comerciales puede ayudarte a no salirte del presupuesto durante aquellos meses en los que cuentes con un presupuesto limitado. Al final del día, ahorrar depende de tu fuerza de voluntad. De eso no hay dudas. Pero puede que no pasar cerca de tu tienda favorita ayude, ¿no crees?

Ahorrar no es algo difícil, solo requiere disciplina y motivación. Si eres constante, te guías por estos consejos y tomas decisiones justificadas, al cabo de unos meses ahorrarás sin darte cuenta. Te recomiendo que aspires a ahorrar entre el 10% y el 15% de tu salario, y que procures no tocar ese dinero hasta que alcances la suma que te habías propuesto. Asimismo, no te olvides de incorporar pequeños juegos y rutinas relacionados con el ahorro para los más pequeños de la casa, de manera que comiencen a entender la importancia de ahorrar desde el principio. Y, ante todo, no te desanimes si al principio te resulta difícil. Las personas tenemos una gran capacidad para aprender, y está comprobado que podemos cambiar nuestros hábitos de forma permanente a través de la disciplina y de los objetivos.

Desafortunadamente, aunque tú y tu pareja sigan una dinámica financiera ejemplar, ahorrando y teniendo un plan de gastos bien elaborado, hay muchas circunstancias de la vida sobre las que no tenemos control. Por ello, es fundamental que, además del presupuesto que destinamos al ahorro, que deberá crecer conforme pasa el tiempo si todo sale según lo planeado, también contemos con una suma de dinero fija y permanente destinada a imprevistos. Infortunios como la pérdida del empleo, la enfermedad, las pérdidas catastróficas por desastres naturales, la muerte de un ser querido o incluso un divorcio, pueden tener un impacto dramático sobre nuestras finanzas si no estamos preparados. Para minimizar el estrés financiero, tú y tu pareja deberán establecer planes de acción para estas circunstancias con el objetivo de salvaguardar los bienes, incluso aunque no quieran hablar de temas morbosos que no se pueden controlar (este tema está más detallado en el próximo capítulo). Lo primero que deben hacer es elaborar una lista de activos para dar un valor aproximado a proteger. Es importante entender que un activo no solo comprende la casa o los bienes, sino también a las personas. Después de crear este registro, es el momento de idear un plan de contingencia y ponerlo por escrito. No tendrá validez legal, pero servirá para aclarar y verbalizar sus ideas. Este plan debe estipular la cantidad fija que debes tener disponible de manera permanente. Si no cuentas con esta suma, dale prioridad al plan de contingencia y no comiences a ahorrar hasta que tengas en tu cuenta corriente este dinero. Este plan también incluye contratar un seguro. Si no tienes claro cuál es el que te conviene, ponte en contacto con un asesor para que te recomiende el que mejor se adapte a tu situación.

Esperemos que nunca tengas que recurrir a este paraguas financiero, pero ten en cuenta la importancia de que tu familia esté preparada para reaccionar y salir bien parada ante cualquier imprevisto. El estrés financiero es causante de muchos conflictos familiares y de sumar problemas a la vida en pareja y, en última instancia, a tu calidad de vida. Y, claramente, una planificación acertada para el futuro consiste en prepararse para lo inesperado y proteger a tus seres queridos.

ESTRATEGIA – EL EQUILIBRIO EQUITATIVO: TU FORTALEZA, SU DEBILIDAD

En el capítulo anterior hablamos de la importancia de que la pareja defina de manera conjunta unos objetivos financieros, e incidimos en los beneficios de trabajar en equipo. Ahora bien, el trabajo en equipo funciona de la mejor manera cuando se alcanza el equilibrio equitativo. A pesar de ser un concepto sencillo, es una pieza fundamental para lograr una dinámica económica sana y duradera con tu pareja. El equilibrio equitativo hace referencia a la compresión de las debilidades y fortalezas de cada uno de los miembros de la pareja a la hora de administrar las finanzas, y a la capacidad de que los aspectos fuertes de uno compensen las debilidades del otro.

El primer paso es identificar los perfiles financieros de cada uno. Una forma divertida de hacerlo es respondiendo al test de inicio de este capítulo. ¡Puede que te sorprendas con el resultado! Es interesante saber que la teoría de que los opuestos se atraen también es válida para la economía de pareja y es además muy probable que una persona ahorradora esté unida a una gastadora. En mi matrimonio sucede así: yo tiendo a ser precavida a la hora de gastar, mientras que mi esposo es un poco más flexible. Tras diez años de casados, conocemos perfectamente la manera en la que cada uno administra su dinero y el valor que le da, y por eso podemos repartir las tareas financieras, como el ahorro y los gastos. (Y no te preocupes, porque no hacen falta diez años para aprender cuáles son tus fortalezas, debilidades y perfiles financieros).

Por otro lado, siempre que hablo de opuestos financieros, me vienen a la cabeza Ana y Pablo, una pareja que me contó su historia hace un par de años durante un seminario en una universidad. Se casaron cuando tenían veinte años, ambos trabajaban; ella ganaba más y él iba a la universidad. Ella no veía el dinero como algo más allá que para pagar las necesidades. Luego de dos años, él empezó a trabajar ganando más de cinco veces el sueldo de ella, y siguieron la misma regla: todo en una cuenta común. Cuando los niños llegaron, ella dejó de trabajar para ocuparse del hogar. Es allí cuando se vuelven claras las personalidades: él era un ahorrador empedernido y ella se quedó con el chip de que ese era su dinero también y compraba cosas para la casa. Esto ocasionó muchas peleas hasta que establecieron no solo límites para todo lo del presupuesto, sino que se dieron una mensualidad cada uno para sus «gustitos». Este es un ejemplo de cómo dos personalidades financieras opuestas llegaron a un acuerdo sobre gastos para explotar lo mejor de cada uno. Así que, antes de nada, dedica un tiempo a establecer en qué aspectos financieros destaca cada uno y úsalo para tu beneficio. Aunque, ojo, delegar y repartir no significa desconocer lo que hace el otro. Siempre hay que saber realizar todas las tareas económicas para estar preparados en caso de pérdida o separación.

Entre las tareas financieras a repartir se encuentran el ahorro y los gastos, que vamos a abordar a continuación cuando tratemos el plan de gastos. Otros aspectos pueden ser la actualización del presupuesto, por un lado, y los pagos mensuales, por otro. Así, independientemente de la manera en la que establezcas los papeles y las responsabilidades, teniendo un reparto bien definido y utilizando la comunicación como herramienta, se podrá determinar el balance requerido para la armonía económica. Esto es, el equilibrio equitativo. Está comprobado que esta estrategia hace que haya menos necesidad de justificar las acciones ante la pareja.

Una vez que está claro quién es bueno en qué, puedes establecer un acuerdo de metas de manera conjunta. No hace falta que empiecen aspirando a objetivos muy exigentes, como ahorrar para una casa en un año. Es importante ser realistas para evitar la saturación y obtener alguna gratificación pequeña a corto y medio plazo. De esta manera sigue trabajando con la dinámica de equilibrio equitativo. Más vale adoptar pasitos pequeños durante mucho tiempo que uno grande de golpe y luego abandonar. Además, después de llevar un tiempo repartiendo las tareas, saldrá de manera natural.

Siempre que algún soltero me pregunta cómo es un matrimonio, utilizo el ejemplo del cuidado de una planta. Hay que regarla y atenderla a diario, ya que si la abandonas por un día notas las consecuencias. Por eso, recomiendo que renueves el contrato de metas una vez al año. Hazlo por escrito para verbalizarlo, es una manera muy fácil de mantener una comunicación financiera fluida: tener un contrato por escrito y firmado y revisarlo periódicamente.

El siguiente paso sería planificar los gastos conjuntamente. Una herramienta que facilitará todo de manera significativa y a la que dedicaremos una sección en este capítulo.

Uno de los aspectos que requiere del mayor esfuerzo y a la vez es de los más bellos para mantener el equilibrio equitativo en una pareja es la capacidad para pactar y trabajar como equipo. Requiere de un poco de educación y mucha paciencia, pero merece la pena, ya que puede restaurar la paz y la armonía en el hogar. Para lograrlo, te recomiendo que tengas en cuenta lo siguiente:

- Priorizar la utilidad para gestionar la vida en pareja. Se puede lograr un equilibrio basándose en los recursos con los que se cuenta y que se pueden invertir en mantener un hogar sano. Por ejemplo, Pew Research constata que solo el 3% de los recién casados ganan la misma cantidad de dinero, ganando más el hombre en la mayoría de los casos. Siendo así, podrías pactar que el miembro que gane más destine un mayor porcentaje a los gastos del hogar, haciendo un combo 40%-60%.

- Tomar decisiones en equipo. Una pareja es como una institución financiera a pequeña escala, y dos cabezas piensan mejor que una.

- Evitar la infidelidad financiera. La honestidad y la confianza son los pilares de la relación en pareja. Y, por encima de todo, saber que el requisito más importante para alcanzar el equilibrio equitativo y cualquier otro objetivo en la pareja es el amor. Citando a Lao Tse: «Amar profundamente a alguien nos da fuerza y esa sensación de ser profundamente amado nos da valor». No existe la fórmula perfecta para manejar las finanzas, pero sí que existe una buena disposición para crear una vida financiera común y respetuosa con el otro, y para ello la comunicación y el amor deben ir de la mano.

Ejercicio – **Capítulo 3**

En el capítulo I hicieron una lista de los activos financieros, sociales, humanos e intelectuales y evaluaron cada uno de ellos. Cada uno tendrá que completar un ejercicio de categorización de flujo de efectivo esta semana. Empecemos... (Gráfico 8)

- Enumera todos tus ingresos (puedes elegir agregar el número o simplemente las fuentes).
- Enumera todos tus gastos (necesitarás agregar los números. Todo lo que gastas al mes y al año para ti y para la casa).
- Enumera tus gastos combinados.
- Clasifícalos en gastos personales y gastos del hogar.
- Clasifica los gastos en gastos fijos, como alquiler, hipoteca, seguros, comida y gasolina, y gastos variables, como películas, entretenimiento, ropa, etc.
- Ahora asigna una categoría basándote en tus objetivos.

Como ves, elaborar un plan de gastos con tu pareja puede evitar más que algún problema serio en el futuro. Además, a lo largo de este capítulo te he presentado una guía útil para hablar de dinero en las distintas fases de tu matrimonio. Espero que empieces a llevar a la práctica todo lo aprendido hasta ahora al mismo tiempo que adquieres herramientas nuevas en los Pasos 4 y 5. Para un ejemplo de este formulario puedes visitar mi página y buscar el presupuestador, una herramienta gratuita.

Ingresos	Gastos	Al mes	Al año	Para mí	Para la casa	Gastos fijos	Gastos variables	Objetivos

Gráfico 8

CAPÍTULO 4
PASO 4

Construyan un escudo protector juntos

Nos encontramos en la recta final de este camino. A estas alturas ya conoces conceptos clave como la formación de los valores financieros y la importancia de determinar qué bienes son tuyos y cuáles son nuestros; también has aprendido a determinar los objetivos y las metas financieras de manera conjunta y a elaborar un plan de gastos. Este capítulo va a otorgarle la importancia que se merece a un aspecto fundamental: construir un escudo protector. Ya sé que, si este es un libro que aborda los secretos para lograr una vida económica feliz con la pareja, ¿por qué hay que dedicar un capítulo a estar preparados en caso de que las cosas no salgan bien? La realidad es que aparecen muchos aspectos, como los desastres naturales o las enfermedades, sobre los que no tenemos control, y es necesario tener un plan de contingencia. Así, también hay que saber anticiparse a los principales errores financieros, para poder evitarlos. Y a esto es a lo que llamamos crear un escudo de protección.

Diversos estudios han demostrado que el principal motivo por el cual los individuos no tienen una buena relación con el dinero es porque caen en un ciclo de deuda y no pueden salir de él. La mayoría de las veces que esto sucede tiene su origen en la necesidad de cubrir gastos imprevistos, como una emergencia médica, la pérdida del trabajo o un accidente. Hay varias estrategias que puede llevar a cabo la pareja para reducir el impacto de cualquier evento desafortunado, aunque las deudas no constituyan su principal elemento. No podemos predecir el futuro y pueden ocurrir muchas cosas que traigan una pérdida de valores para uno o ambos miembros de la pareja, incluso sin deudas. Debe, por tanto, crearse un escudo protector.

De acuerdo con el concepto de aversión a la pérdida y desde el punto de vista de la teoría prospectiva, la mayoría de las personas temen los efectos de las posibles pérdidas más que la anticipación de las posibles ganancias. Esta teoría describe la forma en la que tomamos decisiones y percibimos el riesgo. Teniendo esto en cuenta, quiero que hagamos el ejercicio de pensar negativamente por unos minutos: han transcurrido tres años y tú y tu pareja están pasando por un proceso de separación. Han tratado con terapeutas, familiares y amigos, y no hay nada que pueda remediar esa separación. Ya están viviendo separados y cada uno se encuentra en el proceso de dividir los activos que recaudaron durante la relación. Ahora mismo estás calculando tus finanzas sin tu pareja. Aparte de que te sientas triste o contento, lo importante es que respondan a las siguientes preguntas juntos:

1. ¿Qué es lo que pasó exactamente para que tomaran la decisión de separarse?

2. ¿Qué está pasando con sus finanzas? ¿Cómo están dividiendo sus obligaciones?

3. ¿Cuáles son los pasos que pudiste seguir para que esto no sucediera?

La respuesta a estas tres preguntas podrá ayudarles a evaluar qué es lo que podría pasar y dónde deben centrarse para que ustedes mismos puedan crear el escudo de protección en el supuesto de que las cosas no salgan como esperaban. Pero ¿cuál es tu actitud actual?, ¿y la de tu pareja? ¿Son de aquellas personas que siempre consideran todas las posibilidades o quizás te has despreocupado más de lo que deberías? Al igual que hay personalidades financieras diversas, también hay personas que tienden a prepararse mejor para imprevistos; incluso ante aquellos sucesos que tienen una posibilidad remota de suceder. Y puede que nunca se hayan parado a pensar si son tan precavidos en cuestiones monetarias como deberían. Por ello, pueden hacer este divertido test para saber cuál es su tendencia a la hora de prepararse para potenciales incidentes. Respondan a esta prueba por separado y luego comparen los resultados. De este modo sabrán si normalmente son precavidos en cuestiones monetarias y podrán entender por qué se encuentran en la situación en la que están. Siempre recuerda que no se trata de un test clínico, solo sirve a modo de referencia; así que tómalo con la mente abierta.

TEST – PREPARACIÓN ANTE IMPREVISTOS

1. Si se produjera un terremoto o huracán y tu casa sufriera daños, crees que:
   a. El seguro cubriría el 100% de los daños.
   b. No estás seguro de si el costo de reemplazo es del 75%.
   c. Crees que el seguro es una pérdida de dinero y te autoaseguras.
   d. No sabes si el seguro cubre este tipo de eventos.

2. Te caes y te fracturas el tobillo y tu médico quiere que reposes durante dos meses.
   a. Crees que la discapacidad a largo plazo cubrirá el 100%.
   b. Estás contento, ya que compraste un seguro de invalidez.

c. No tienes seguro, pedirás una licencia y utilizarás tu fondo para emergencias.

d. No estás seguro de lo que harás, pero visitarás el departamento de Recursos Humanos.

3. Tu abuela acaba de fallecer, es hora de pensar en tu mortalidad.

   a. No hay nada en qué pensar, el gobierno le dará todo a mi pareja.

   b. El testamento y el poder están almacenados electrónicamente en una nube compartida.

   c. Los títulos de propiedad de mis activos deben ser suficientes para cubrir todo.

   d. No tienes mucho dinero, así que crees que no es necesario.

4. Tú y tu pareja acaban de tener su primera gran discusión.

   a. Llamas al 911 o a la policía.

   b. Programas una cita con un terapeuta.

   c. Respiras profundo y tratas de solucionar el problema.

   d. No le hablas por una semana, eso debería resolverlo.

5. Vuelves de un viaje y crees que tienes gripe:

   a. Vas a la farmacia y compras grandes cantidades de vitamina C.

   b. Llamas al médico inmediatamente para pedir una cita y le explicas tus síntomas a la enfermera.

   c. Compras un paquete de medicamentos antigripales y esperas lo mejor, pero sigues tus actividades.

   d. Llamas a tus amigos para que te den remedios caseros.

Después de terminar la prueba, compara tus respuestas con las de tu pareja. Si la mayoría de tus respuestas fueron «a», tienes buenas intenciones, pero deberías considerar seriamente establecer una estrategia de riesgo desde cero; si la mayoría de tus respuestas fueron «b», deberías aprender más sobre cuidados preventivos; si la mayoría de tus respuestas fueron «c», eres un tomador de riesgos y eso está bien, mientras seas consciente de las consecuencias; si la mayoría de tus respuestas fueron «d», eres muy práctico y deberías elevar tus estrategias, aunque te funcionaran en la universidad. Analicemos los perfiles con más detalle:

Reactivo y con poca decisión al planificar las finanzas (mayoría de *a*) – Para poder confirmar que tus estrategias tienen sentido necesitas contestar a cada una de las preguntas de manera rigurosa. Debes asegurarte de tener seguro para la casa y entender la cobertura, y lo mismo sucede con el seguro de salud y tu plan de sucesión. A veces es mejor invertir un poquito en paz mental y en prevención.

Estás preparado/a (mayoría de *b*) – Entiendes lo que puede pasar en caso de una emergencia. En relación con las finanzas, sabes cómo protegerlas y también sabes que las herramientas que existen para asegurarse deben estar presentes para evitar perder tu dinero y dejar a tu familia sin un plan de sucesión. Siempre es bueno revisarlo anualmente para cuestiones como un cambio de beneficiario, etc.

Tu estrategia se basa en autoasegurarte (mayoría de *c*) – Eres una persona creativa con tus soluciones cuando el evento ocurre, pero muchas veces, desde un punto de vista financiero, te saldrá menos costoso asegurar tu casa, tu vida, tu salud y prepararte para posibles accidentes que usar los ahorros. Además del estrés que posiblemente genera, no estás asegurado en caso de una emergencia que pueda causar daños irreparables en la salud.

Eres practico/a (mayoría de *d*) – Aunque tus estrategias hayan funcionado antes, ahora deberás consultar con un abogado, agente de seguros o asesor financiero para que te recomiende mecanismos a largo plazo que no solo protegerán tus pertenencias, sino también a tu familia y tu salud. Será una forma de ahorrar para el futuro porque todos los activos de tu patrimonio estarán protegidos en caso de emergencia.

Esta prueba te ayudará a diseñar una estrategia de riesgo para la que deberás tener presente una relación de todas tus pertenencias, así como de todas las personas que dependan de ti. Si bien uno de los principales motivos de las peleas son las deudas, otro podrá ser el no tener aseguradas las cosas, ya que en un futuro podrían surgir gastos inesperados. Durante mis años como consultora he presenciado muchos casos desafortunados. Por ejemplo, el de Isabel, que tuvo que pagar 30.000 dólares para una operación de emergencia durante un mes en el que estaba cambiando de trabajo, todo por ahorrarse 500 dólares ese mes. O Mariana, que se dañó el tobillo y, al no tener seguro de discapacidad como empresaria, no pudo seguir trabajando o visitando clientes, y perdió tres meses de ingresos. Ramona, una mujer divorciada que vivía con su pareja nueva y dependía del soporte de 3.000 dólares que le pasaba su exmarido para la manutención de sus hijos, se dio cuenta de que no tenía seguro de vida para reemplazar esa cantidad tras un accidente fatal de su exmarido.

No te alarmes, estos son solo algunos de los casos más preocupantes. Simplemente, revisa tus cuentas y seguros con tu pareja y comienza a prepararte desde ahora mismo para prevenir cualquier posible imprevisto o error financiero. A continuación describiremos los más frecuentes.

LOS ERRORES FINANCIEROS EN EL MATRIMONIO

Uno elige la pareja basándose en una variedad de consideraciones tales como el atractivo, perfiles de citas en línea fascinantes o intereses comunes. Las personas no entablan una relación exclusivamente porque sus hábitos de finanzas personales sean iguales o se complementen.

Sin embargo, las finanzas personales deben ser un factor en las relaciones a largo plazo, ya que el dinero tiene un impacto sustancial en el éxito y la felicidad diaria. Por esta razón, es vital abordar las cuestiones de dinero al principio para evitar peleas sobre las finanzas en el futuro.

Un estudio reciente de la Universidad Estatal de Kansas verifica que las parejas que ya se pelearon por dinero al comienzo de su matrimonio son más propensas a presentar una vida con menos satisfacción en la relación a largo plazo.[15] Por este motivo, es importante anticiparse a los problemas y conocer los errores más comunes de dinero de las parejas (seguidos aquí de algunos consejos útiles):

I. **Evitar todo tipo de conversaciones sobre dinero**. No esperes que algo salga mal para analizar la dinámica financiera de tu matrimonio y mejorar tu propia seguridad, y ten presente que cada matrimonio tiene su propia cultura de dinero. De hecho, no importa que los dos ganen mucho, pues las finanzas son un tema que suele traer problemas. ¿Por qué? Quizás porque no están bien manejadas. Howard Dvrokin, emprendedor y experto en finanzas personales, afirmó lo siguiente para Debt.com: «Este tema me recuerda a un marido y una esposa a quienes aconsejé, porque mostraron todos los clásicos problemas financieros en un solo matrimonio. En primer lugar, ganaban buen dinero, pero al final del mes no les quedaba nada. Sus salarios eran sólidos, pero su psicología, no», dijo.[16] El marido, según explicó, salía cada semana con sus amigos a comer pizza y beber cerveza, y ella a comer con sus amigas un par de veces por semana. Ambos sentían que merecían esas salidas. El problema es que ninguno de los dos llevaba registro de los gastos (aunque sí de otros, como las compras en el mercado, por ejemplo). Esto les producía muchos conflictos, nos aseguró Dvrokin, quien aconsejó: «La clave está en no mirar al dinero como un asunto puramente financiero, sino también psicológico. Las parejas necesitan hablar no solo de cuánto dinero tienen, sino de cómo les gustaría gastarlo».[17]

    Esto también le pasó a Lucía, una arquitecta de treinta y siete años, casada hace dos años con Manuel, también arquitecto: «A los dos nos gustaba salir con amigos, pero hace poco nos dimos cuenta de que no alcanzábamos a ahorrar, a pesar de que tenemos buenos sueldos. Decidimos mantener una cuenta individual para cada uno, y una conjunta para planes a largo plazo», detalló Lucía.

«Cuando empezamos a convivir, ninguno de los dos quería hablar del tema, porque nos parecía una cuestión frívola», contó Josefina, fotógrafa de treinta y dos años. «Dos años después, nos dimos cuenta de que en nuestras discusiones había un poco de resentimiento por cómo gastaba cada uno el dinero. Entonces, nos sentamos y pensamos en cómo dividirlo. Hoy, ponemos la mitad del sueldo de cada uno para los gastos del apartamento en que vivimos y el terreno que nos estamos comprando», agregó. Como siempre, puedes elegir compartir gastos, repartirlos en función de sueldos, o pagar cada uno sus cuentas de manera independiente.

2. **Unir todo tu dinero es un error común.** A las parejas realmente les cuesta decidir si van a combinar en una cuenta conjunta todo lo que tienen y ganan. La alternativa es mantener tus cuentas separadas. Si recibiste una herencia en tu matrimonio o compraste una casa antes de contraer matrimonio, puedes ponerte en riesgo al fusionarlo todo y luego disolver el matrimonio. A menudo es aconsejable mantener la propiedad prematrimonial (regalos y herencias) de cada uno. Además, hay una ventaja en mantener una cuenta bancaria a tu nombre para gastos discrecionales: es un dinero que puedes utilizar independientemente o derrochar sin disminuir el dinero colectivo. En conclusión, no existe necesidad de precipitarse en combinar todas las finanzas a menos que ambos se sientan a gusto con la idea. Mantén las herencias, regalos y propiedades prematrimoniales solo a tu nombre, si el hacerlo soluciona otras inquietudes como la protección de los acreedores y la planificación patrimonial. Ten en cuenta que, si compraste una casa antes de casarte, pueden surgir problemas financieros si la fusionas y luego el matrimonio se disuelve. También puede

ser problemático dividir el depósito de una herencia, por ejemplo de tu tío abuelo, en la cuenta conjunta de inversiones que está a nombre de ambos. En especial si ambos contribuyen en el futuro. La lección aquí es no juntar bienes separados con bienes juntos.

3. **No tener ningún crédito a tu nombre**. Tu historial crediticio es una calificación compuesta por tus líneas de crédito, tus pagos a tiempo y el crédito disponible. Es tu reputación frente al crédito, que no se combina automáticamente con la de tu pareja tras la boda. Sin embargo, sí afectará, y mucho, cuando vayan a comprarse una casa juntos o un auto, ya que la baja calidad crediticia representa más riesgo para la entidad bancaria a la que vayan a solicitar un préstamo, resultando en intereses y pagos más elevados. Si tu pareja tiene un historial crediticio bajo y tú uno alto, esto no afectará al tuyo al casarte si no se decide abrir una cuenta juntos. Cada pareja debe solicitar una tarjeta de crédito separada para establecer un historial de crédito si uno de los dos fallece o se separan o divorcian; podrían quitarte las tarjetas comunes de crédito rápidamente si eso sucede. Además, es fundamental tener tarjetas de crédito con tu nombre porque así no te calificarán negativamente para alquileres de apartamentos, préstamos de autos o hipotecas. Si eres rechazado por una falta de antecedentes de crédito, puedes crear crédito de las siguientes maneras:

- Abriendo cuentas bancarias y servicios públicos a tu nombre.
- Solicitando tarjetas de comercios minoristas y utilizándolas responsablemente.
- Obteniendo una tarjeta de crédito con depósito de garantía.

Me acuerdo de un artículo publicado en *The New York Times* sobre una pareja que estaba a días de su matrimonio en Nueva

York. Durante una evaluación de los gastos de la fiesta, salió a relucir que la tarjeta de la novia no funcionaba. Cuando el novio investigó, se enteró de que ella no solo cargaba con mucha deuda negativa, sino que hacía meses que no pagaba sus cuentas. El novio decidió cancelar el matrimonio y, cuando lo entrevistaron, dijo que, si no era sincera con él en lo relativo a sus finanzas, no sabía lo que le esperaría cuando se casaran.

Como comentábamos, el matrimonio no legitima de forma automática que las cuentas (de ahorros, corrientes y tarjetas de crédito) que han sido abiertas de solteros se transformen en comunes, y hay que cambiarlas si deseas que ambos sean titulares. Una propuesta es que ambos compartan su informe de historial crediticio antes de contraer matrimonio. Créanme, señoritas, su opinión como solteras tendrá mayor impacto que su voz una vez casadas, aprovechen para hacer la lista de requerimientos.

Recomiendo mantener una tarjeta de crédito individual y que la que tengan juntos sea solo para gastos fijos, con un presupuesto que revisarán todos los meses. Esto es muy importante, sobre todo si en la pareja hay un miembro que contribuye más que el otro. Las deudas positivas, como las hipotecas y los préstamos para empresas o para educación, no se mezclan y son responsabilidad de uno a menos que la pareja decida que todo es de todos. Esta regla se aplica también a los ahorros, pues el matrimonio no significa que los ahorros se conviertan automáticamente en algo conjunto, especialmente si son anteriores a la boda. Los fondos de jubilación tampoco se pueden unir, lo que sí se puede hacer es actualizarlos para que reflejen la pareja como beneficiaria. Por lo general, la cuenta de retiro alimentada antes del matrimonio se mantiene separada a no ser que se mezclen aportes de soltero y de casado. Puedes considerar abrir otra cuenta para que los fondos estén separados.

Hay muchas circunstancias que dictarán tu decisión conjunta, y lo que le funciona a una pareja no necesariamente le funcionará a otra, porque dependerá de las distintas personalidades. Por ejemplo, el esposo de Ester había afrontado una bancarrota en una época pasada por culpa de un cliente que le estafó. Para proteger a su marido, Ester mantiene cuentas separadas, no porque no se quieran, sino para proteger el patrimonio de ambos. Si se repitiera un incidente similar, las pérdidas podrían ser menores manteniendo cuentas separadas.

4. **Depender de la herencia de tu pareja para tu jubilación**. ¿Dependes de las herencias de tu pareja para financiar tu jubilación conjunta? ¿Por qué atar alguno de tus ingresos personales en un plan de jubilación 401(k), cuando habrá un montón de activos en el futuro de la familia de tu pareja? Algunos no planifican según la filosofía «Tuyo, mío y nuestro». Contar con la herencia de tu pareja para financiar tu jubilación conjunta es un riesgo que no debes tomar. Ten en cuenta las siguientes circunstancias que pueden poner las cosas al revés:

- Los planes patrimoniales pueden ser cambiados sin tu conocimiento.
- Los activos pueden agotarse por una enfermedad prolongada o por una emergencia familiar.
- El valor de las inversiones o negocios familiares puede caer en picado.
- El divorcio te dejaría con un plan de jubilación inseguro.

¡No hay atajos! Comiencen a ahorrar dinero para garantizar una jubilación segura. Sigan ahorrando para su jubilación y apéguense a sus objetivos colectivos.

5. **Tener toda la deuda a tu nombre**. No dejes que toda la deuda se acumule solamente en tarjetas a tu nombre. Compártanla entre los dos si son utilizadas para cosas en común. Además, vas a querer mantener cuentas separadas si tu pareja entra al matrimonio con

muchas deudas. Es un hecho que no eres legalmente responsable de los saldos de tarjetas de crédito antes de casarte o de cualquier préstamo a nombre de tu pareja, siempre y cuando se separen las finanzas. Recuerda que la calificación crediticia de tu pareja afectará tu capacidad para obtener un crédito conjunto, incluso con finanzas separadas. Dividir la deuda entre tú y tu pareja puede ser lo mejor, incluso la única forma, de responsabilizar a ambos. Si traes un balance de tarjeta de crédito, evalúa dividirlo entre los dos. Y siempre intenta liquidar la deuda rápidamente pagando cada mes sin retrasarte.

6. **No entender las finanzas domésticas**. Estás en desventaja si eres la pareja que no sabe nada acerca de las finanzas del hogar. Algunos esposos tienen que afrontar la muerte, el divorcio o la enfermedad y entonces aparece la realidad de las cuentas no pagadas o el hecho de no tener ahorros. Tienes que saber cómo acceder a la información de cuenta en línea para automatizar el pago de facturas. Ten reuniones financieras periódicas con tu pareja. Revisa el estado de tus ingresos, deudas y activos.

    Capacítate para administrar los gastos de tu hogar en el caso de que no estés junto con tu pareja por un período prolongado de tiempo. Comprende plenamente las siguientes cuestiones financieras:

    - Los ingresos de tu cónyuge o pareja, beneficios de jubilación y otros beneficios laborales, como las opciones sobre acciones.
    - Inversiones y ahorros actuales.
    - Deudas actuales y a nombre de quién están.
    - Tipo de pólizas y coberturas de seguro.

    ¡Siempre lee, revisa y haz preguntas sobre documentos financieros! No firmes una hipoteca conjunta si no entiendes los términos y el calendario de pagos.

7. **No saber las raíces del dinero de tu pareja.** ¡Algunos esposos dicen que las actitudes financieras de sus parejas realmente los enfurecen! Según un artículo publicado en junio de 2014 por el sitio web Money.com, el dinero causa la mayoría de las fricciones entre las parejas, ya que el setenta por ciento de los matrimonios o parejas discuten sobre las finanzas antes de discutir sobre las tareas del hogar, el compañerismo, el sexo o los ronquidos. La manera en la que cada persona se siente respecto a las finanzas se moldea con frecuencia por sus experiencias con el dinero en edades tempranas. Por esta razón, conocer los antecedentes y contexto en el que creció tu pareja puede proporcionarte un mayor entendimiento de sus actitudes hacia el dinero. También puede darte más información respecto a sus debilidades. Tienes que darte cuenta de que hablar sobre los problemas económicos del pasado y las metas financieras puede ayudar a la pareja para tomar decisiones más sabias ahora y en el futuro. Asegúrense de compartir tus puntos de vista respecto al dinero, experiencias pasadas y aspiraciones para iniciar esos diálogos semanales. Está claro que hacer caso omiso de los problemas de dinero no hará que estos desaparezcan. Es importante reconocer los desafíos para poder desarrollar un plan para resolverlos.

Es bueno que sepas que estas batallas respecto al dinero llegan a su punto álgido cuando los compañeros tienen entre 50 y 60 años, según una encuesta interactiva de Harris realizada para el Instituto Americano de Contadores Públicos Certificados (AICPA, por sus siglas en inglés). Este hallazgo del AICPA revela que las parejas de todas las edades tienen un promedio de tres peleas relacionadas con cuestiones financieras al mes. Es notable que aquellas en edades comprendidas entre los 45 y los 54 años suman un promedio de cuatro de tales peleas por mes.[18]

Estos son los errores financieros que más me he encontrado durante mis años de experiencia como asesora. No es raro que hayas cometido un par de ellos y no quiere decir que seas descuidado o descuidada. Como comentábamos al inicio del capítulo, hay cientos de cosas que se escapan de nuestro control. Además, el día a día, con trabajo, familia, compromisos, puede convertirse en una montaña rusa, así que es normal que tengas descuidos. Sin embargo, lo mejor que puedes hacer es tomar una serie de medidas preventivas para evitar que suceda de nuevo o, en el mejor de lo casos, nunca tener que lidiar con un problema financiero inesperado.

Cuidados preventivos

Una de las formas de cuidado preventivo que siempre recomiendo es tener una carta de compromiso firmada todos los años, porque estar juntos como pareja, casados o no, es una opción que ambos han escogido y hay acuerdos que se deben renovar al empezar cada año. Pueden escribir su propia carta basándose en sus necesidades, haciéndose las siguientes preguntas:

1. ¿Por qué están juntos? ¿Qué tienen de especial cada uno de ustedes que hace que quieran comprometerse?

2. Respecto al presupuesto de la casa, ¿cómo se dividirán los gastos?

3. Cuando cada pareja reciba sus ingresos, ¿cómo se dividirán estos?

4. Las responsabilidades de la casa, como la cocina, la limpieza, las compras… ¿quién hará cada tarea?

5. La comida de la casa, ¿cómo se decidirá el menú durante la semana? ¿Y las salidas de los fines de semana?

6. Para salir de viaje, ¿cómo se decidirá a dónde ir, cuántas veces y con qué presupuesto?

7. Sobre las obligaciones de los niños, padres o suegros, ¿qué recursos existen? ¿En qué proporción?

8. ¿Cómo se pagarán los gastos de la casa? ¿De mi cuenta, de la tuya o de una cuenta conjunta?

9. ¿Qué punto fuerte me gusta y dónde está la oportunidad de mejorar?

10. En cuanto a salidas sociales, solos o juntos… ¿hasta qué hora se ha acordado?

Este es un ejemplo de una carta de compromiso que yo diseñé y en el que uso como ejemplo a Alejandro y Lorena. Puedes bajar un ejemplo de mi página web www.elaineking.net.

Carta de compromiso

Estamos juntos porque _____
(Lorena es bondadosa, inteligente y atractiva)

y porque _____
(Alejandro es trabajador, cariñoso y honesto).

Y queremos estar juntos este año bajo los siguientes acuerdos:

• El presupuesto de la casa lo revisaremos juntos cada _____ a la hora _____. Fijaremos metas de manera conjunta cada _____ a la hora _____ y priorizamos gastos en base a _____.

- La economía de la casa se pagará todos los meses en (**proporción de** _____ **/ dividiendo los gastos específicos / es la responsabilidad de una persona** _____).

- Cuando recibamos ingresos nos comprometemos a depositarlos (**en nuestras cuentas individuales/ en la cuenta comunitaria / pasar un porcentaje para la casa de** _____). En la casa, ya sea con ayuda o sin ayuda, las personas responsables de que lo siguiente esté limpio y en orden son:

de la cocina	_____
de la limpieza	_____
del lavado y tintorería	_____
de la basura	_____
de los baños	_____
del colegio	_____
de las actividades	_____
de los viajes	_____
de las compras de la casa	_____
del menú	_____
de los ingresos	_____
de las reuniones sociales	_____
de los regalos	_____
de la parte legal	_____
de la parte contable	_____
de los seguros	_____
de las inversiones	_____
de los planes de jubilación	_____
de los ahorros	_____.

- El entretenimiento y los restaurantes se decidirán de la siguiente manera:

  _____ veces a la semana con un presupuesto de _____;
  y conciertos, teatro, museos _____ veces al mes con un
  presupuesto de _____.

- Las vacaciones deberán tener las siguientes características:

  _____,
  se tomará la decisión _____ con el lugar,
  _____ con el presupuesto _____ y
  se hará _____ veces al año.

- Si los padres/suegros necesitan nuestra ayuda, existen los
  siguientes recursos: _____, que se harán **(por rama
  familiar** _____ **o en proporción** _____**)**
  y en caso de que un padre necesite ayuda es **(aceptable o no
  aceptable)** que la otra persona deje de trabajar o utilice ahorros
  comunes para ayudarlo (sí o no). ¿Qué mecanismos existen?
  _____. Respecto a las finanzas mantendremos
  todo (separado / junto / combinando estrategias y aportando en
  proporción).

La fortaleza más grande de _____ es _____ y la
oportunidad de mejorar es _____,

La fortaleza más grande de _____ es _____ y la
oportunidad de mejorar es _____.

En este día de _____, nos comprometemos a seguir lo
acordado y, de no ser posible, existirán las siguientes consecuencias:

_____

_____

(decidir en pareja cual será la consecuencia por no seguir el compromiso; puede ser algo divertido, como la obligación de hacer algo que le gusta a la otra persona y que no te gusta a ti, como por ejemplo alguna comida o película o deporte o que la otra persona cocine algo especial). Y si todo se hace perfectamente nos regalaremos _____. Este documento se puede modificar

_____.

Firma 1 _____

Firma 2 _____

Aunque no soy abogada ni este documento tiene peso legal, es una forma divertida de que ambos se comprometan y se comuniquen. Tras varios años trabajando como asesora de empresas familiares en temas de gobierno familiar, diseñando protocolos y políticas, he aprendido que cada documento debe tener los detalles del compromiso, el beneficio y también las consecuencias. Además, hay que añadir una cláusula para poder modificarlo si es necesario. La clave está en que mantengan una comunicación fluida y que el manejo de las finanzas sea tan claro como el agua. Eso no quiere decir que ambos sabrán todo lo que sucede con su dinero; eso significa que lo que tú y tu pareja hagan con el dinero estará claro y no habrá sorpresas. Aquí verás cuatro ejemplos de parejas que decidieron organizar sus finanzas de diferentes formas:

1. **Roberto y Rafaela**. Cuando se casaron, ambos trabajaban, y cuando Rafaela tuvo a su primera hija, decidieron juntar todas las cuentas que antes estaban separadas. Ambos depositaron sus ingresos en una cuenta en común que respondía de todos los gastos: la casa, las vacaciones, las inversiones, los regalos, etc. Esta fórmula funciona cuando existe mucha confianza, ambos comparten una personalidad financiera responsable y son muy organizados. Y cuando la solvencia económica es equivalente o parecida.

2. **Ana María y Ramiro**. Siendo ambos profesionales, Ana María, empresaria, es la ahorradora y Ramiro es el gastador, con ingresos variables. Ana María hace los pagos todos los meses en una cuenta común y Ramiro deposita en ella cada tres meses la cantidad acordada, ya que sus ingresos no son fijos. De esta forma, los pagos se hacen a tiempo, dividen los gastos en proporción a los ingresos y se mantienen al tanto de los adelantos. Este ejemplo funciona cuando una persona dispone de un sueldo fijo que le permita cubrir los gastos de hasta tres meses.

3. **Mario y Mónica**. Mario es dueño de una empresa y Mónica es nutricionista. Mario cubre todos los gastos fijos de la casa, hace los pagos de su cuenta individual y Mónica cubre los gastos variables cuando son necesarios. El sueldo de Mónica va a su cuenta y todo lo que gana va para sus extras (y actividades de sus hijos). El sueldo de ella es variable y el de Mario es fijo. Este ejemplo funciona cuando las expectativas están delineadas claramente. Con este arreglo solo habría que determinar de quién son los bienes si Mario está pagando la hipoteca al cien por ciento.

4. **Ximena y Alfredo**. Ximena es una ejecutiva con un sueldo importante y seguro; Alfredo trabaja como arquitecto para un estudio grande y también cuenta con un sueldo fijo. El ejercicio de dividir los gastos les parecía raro y decidieron dividir la responsabilidad sobre los bienes. Ximena paga la comida, los

seguros y el mantenimiento de la casa; Alfredo, el alquiler, el coche y los viajes. Al final, no están muy seguros de si las cantidades a poner son equitativas, pero se sienten bien dividiendo las cosas en lugar del dinero. Este ejemplo funciona con parejas en las que ambos son solventes y constantes.

Como ves, existe más de una forma de administrar las finanzas y todo dependerá de lo que aprendas de tu pareja, sus valores respecto al dinero, la seguridad de los ingresos, la solvencia, las expectativas y la confianza.

Los cuidados preventivos son fundamentales para evitar sorpresas. Sin embargo, la primera acción que deben llevar a cabo como pareja es la clasificación de activos. Durante el primer capítulo de esta guía ya hablamos de la importancia de determinar qué bienes son tuyos, cuáles de tu pareja y cuáles gestionarían como pareja. Pero no ahondamos en el concepto desde un punto de vista preventivo, esto es, cómo distribuir los activos para evitar el mayor número de riesgos. En esta línea, introduciremos el concepto de acuerdo prenupcial.

El acuerdo prenupcial

A diferencia de los gastos, que se reparten a partes iguales, en proporción a los ingresos o teniendo en cuenta la naturaleza de dichos gastos, los activos tienen un tratamiento distinto. La decisión de formalizar el compromiso con el matrimonio y escoger bienes separados o conjuntos dependerá de las expectativas de cada miembro. Si uno de ustedes tiene una empresa familiar, es completamente aceptable que el otro miembro de la pareja tenga que firmar un acuerdo, no solo para proteger a ambos, sino a toda la familia y a los años de trabajo de la empresa. Si no hay empresa, pero ya se han acumulado bienes significativos, también es entendible hacer un acuerdo, sobre todo si hay personas dependientes, como los padres o familiares. Si ambos vienen al matrimonio con lo mismo, pueden decidirlo según prefieran. También dependerá de las leyes del lugar donde vives. Por ejemplo, hay estados de Estados Unidos en los que se establecen los bienes comunitarios y otros en los que no. Y en algunos países, si vives con tu pareja durante un número determinado de años, se considera como si estuvieran casados.

Cuando Susy y Sam se casaron, ella se fue a vivir a la casa de Sam, que todavía tenía una hipoteca por pagar. Susy estaba contenta de que él contara con una casa, ya que así no tendría que aportar esa mensualidad. Y, como tenía un buen sueldo, pudo ahorrar para comprarse otra casa por su cuenta, la cual alquilaría y usaría como fuente de ingresos. Cuando se separaron pasados dos años, su sorpresa fue grande cuando se decidió que tenía que dividir con su exmarido la casa que ella consideraba como propia porque fue comprada durante el matrimonio. Esto ocurrió en un estado como California que es un «*community property state*» (un estado con régimen matrimonial de comunidad de bienes).

Es fundamental que entiendas que no hay reglas fijas porque todo depende de la ley del estado, de cómo se obtuvo el bien y de dónde vinieron los ingresos (muchas veces, la herencia no es considerada un bien común). Debes tener presente cada bien, cada propiedad, las consecuencias de las compras, quién pone cuánto, los títulos y cómo serían considerados en caso de venderlos. Yo tuve una clienta que estaba en proceso de separación y su padre le había regalado una casa como herencia. Sin embargo, tras el divorcio establecieron una línea de crédito para que algunas deudas fueran pagadas conjuntamente y, como la cantidad sumó casi el cincuenta por ciento del valor de la casa, esta se consideró parcialmente un bien matrimonial. En el estado de Florida hubo un caso donde una mujer ahorró dinero para la educación de sus hijos y, tras separarse, el juez ordenó la devolución del dinero a la cuenta común para dividirlo como un bien de los dos. Observen que si, como asesora financiera, tengo una cuenta con una pareja y un día me llama uno de ustedes y me pide vaciar la cuenta, es obligatorio que pida la firma de la otra persona. Por eso es recomendable comunicarse, pero también tener un plan de contingencia. La mejor forma de administrar bienes en común es ser consciente de los títulos y los derechos de cada uno.

No dejes para el último momento la redacción del acuerdo prenupcial porque puede dar lugar a complicaciones en caso de divorcio y, sobre todo, porque es bueno hablarlo con tiempo con tu pareja para comenzar el matrimonio con una buena base. No esperes, como Jill, a quien le quedaban solo dos semanas para la boda. Recibí una llamada de ella, que necesitaba recurrir a un abogado para redactar un acuerdo prenupcial. Las invitaciones ya habían sido enviadas, el vestido ya había sido comprado, el *catering* ya había sido solicitado. Faltaban dos semanas y la novia no le había dicho nada al respecto a su futura pareja. El abogado me explicó que podría disputarse un acuerdo prenupcial firmado con tan poca antelación, sobre todo si iban a mudarse a otro estado. Era un asunto que podía complicarse bastante, así que al final no pudieron firmar.

Por último, a veces es bueno y cómodo que se comparta la dirección de las finanzas, pero es imprescindible sentarse al menos una vez al año para planificar objetivos, hacer una lista de activos, actualizar el presupuesto, formular un plan de contingencia y solucionar conflictos. Imagínate que es como tomar vitaminas para nutrir tu cuerpo. En este sentido, quiero que conozcan mi experiencia con Lucy. Ella llamó a mi oficina, su voz sonaba como si estuviera debajo de las sábanas. «¿Puedes oírme?», dijo en susurros. Le dije que sí. Ella respondió: «Excelente, voy a cerrar la puerta, ya que necesito hablar contigo sobre mi esposo». Nos reunimos en mi oficina y nos sentamos para repasar su historia. Me dijo que él trabajaba la mayor parte del tiempo en China y no le había dicho «te amo» en tres años, pues ella vive en Estados Unidos. Su esposo pensaba que aún existía una relación, pero ella no quería seguir con él. La pedí una declaración de sus activos y pasivos. Ella me dijo que lo único que tenía a su nombre eran sus deudas de tarjetas de crédito. Todos los demás activos estaban en empresas y en una cuenta extraterritorial a la cual no tenía acceso. Le pregunté si tenía una cuenta de ahorros, y me respondió que todo lo que tenía eran tarjetas de crédito. No tenía nada de ahorros. Me explicó que había estado ocupada criando a los hijos y cuidando de la casa y no se imaginó que las cosas terminaran así.

A lo largo de este capítulo, no solo he querido explicar los principales problemas financieros que confrontan las parejas; también he querido aportar soluciones a los mismos, así como ofrecer una serie de consejos para evitarlos. Al fin y al cabo, ¿para qué perder tiempo con problemas que no tienen solución? Como estrategia, hablaremos de construir un fondo de bienestar conjunto que cubra aquellos básicos con los que a veces no contamos.

CONSTRUIR UN FONDO DE BIENESTAR CONJUNTO

Algunos gastos de los niños, las deudas, los préstamos a familiares y el apoyo a personas dependientes generan un gasto que a menudo no incluimos en la planificación financiera. Además, al tratarse del bienestar de terceros, es fundamental. Como adultos, tenemos un núcleo de personas de nuestro entorno más o menos cercano que dependen de nosotros y de las que nosotros podemos también llegar a depender en el futuro. Algunas, como los niños, no son nunca motivo de debate porque hay que intentar proveer-les lo mejor sí o sí. Otros asuntos pueden dar lugar a conversaciones más complejas y la conclusión, sea de un tipo u otro, debe meditarse bien.

Los niños – Los gastos e inversiones que se efectúen en relación con los niños deberán salir de la economía familiar, del presupuesto fijo, incluyendo lo básico: colegio, útiles, ropa y actividades necesarias. Sin embargo, si un padre quiere hacer algo extra (considerado variable) tiene dos opciones: (1) lo pone como variable en el presupuesto familiar y se hace solo si todos los fijos pueden cubrirse; y (2), se mantiene fuera del presupuesto y el padre lo asume. Estos gastos son importantes por-que estimulan el crecimiento y educación de los niños, pero no deberán hacerse a costa de las cosas necesarias para mantener la casa. Esto es así porque primero se debe cubrir lo esencial, antes de lo variable. Un ejemplo podría ser elegir entre escuela privada o pública, o entre clases de *ballet* o fútbol todos los días o dos veces a la semana.

Las deudas – Dependerá de si la pareja quiere o no asumir pagos de deudas efectuadas antes del matrimonio. Si asumen juntos las deudas acumuladas por una sola persona, deberán mantener un control para que al final no haya malentendidos. Yo recomiendo considerar aquí deu-das que son positivas como, por ejemplo, las estudiantiles, que al final ayudarán a la pareja. Si deciden asumirlas por separado, deberán ser realistas, porque si uno está cubriendo un préstamo muy grande no podrá aportar a la economía tanto como el que no tiene deudas.

Recomiendo que los gastos sean proporcionales, después de las obligaciones, basándose en los ingresos netos.

Los préstamos – Aunque hemos mencionado muchos aspectos de la economía familiar y cómo organizar los pagos, no hemos mencionado los préstamos. Si los gastos son para cosas comunes, como la casa o el auto, entonces ambos deberán aportar, siempre y cuando tengan ingresos. Sin embargo, si el día de mañana un padre o un hermano pide un préstamo, ¿de dónde saldrá? Lo ideal es que salga de los ahorros de la persona más cercana y no de los ahorros para la jubilación, la educación de los niños o para la salud. Por eso es importante que tus finanzas tengan un destino. Esto también se planifica y ambos pueden tener un fondo para la comunidad e incluir allí el monto que podrían prestar a un familiar. Es recomendable que los préstamos a familiares y amigos los hagan con dinero que no necesitan para vivir; es decir, que puedan perderlo si no se devuelve. Porque, si prestas con dinero que necesitas y esa persona no lo devuelve a tiempo y te afecta a ti, la relación podría deteriorarse.

Apoyo a personas dependientes – Este tema es muy importante hoy día porque ahora las mujeres esperan más años para tener hijos, y esto hace que muchos padres estén criando hijos a la vez que empiezan a hacerse cargo de sus propios padres. Aparte de ser un reto en términos de tiempo, también habrá que planificarlo económicamente y acordar de manera conjunta qué tipo de apoyo se les dará. ¿Los incluirás en más actividades en familia? ¿Los invitarás a que vivan en tu casa? ¿Les mandarás una mensualidad? ¿Asumirás algunos de sus gastos? ¿Tomarás el liderazgo en el tema de salud y de contratar el cuidado que necesitan? Lo que decidan como pareja deberá ser considerado equitativamente si los recursos salen de la cuenta en común. Es una bendición que un padre forme parte de la casa. Sin embargo, llega un punto en el que la salud no solo puede afectar al padre que necesita cuidados, sino a la familia que vive con ellos. Considera y sé flexible al evaluar esta circunstancia.

En todos estos casos hay que considerar que los roles y responsabilidades no son estáticos: un año una persona estudia y la otra trabaja; otro año, los dos trabajan; otro, ambos no trabajan o deciden ser empresarios. Los acuerdos que se hacen deben reflejar las condiciones y capacidades de la pareja. Es por eso por lo que el acuerdo que mencionábamos al inicio del capítulo deberá ser actualizado anualmente. Las parejas más felices son las que se adaptan fácilmente a las circunstancias que da la vida. Yo tenía veintidós años cuando conocí a mi esposo, y él ya tenía un puesto importante en una empresa cuando yo comenzaba mi carrera en Wall Street. Por mi edad, yo era *manager* y él gerente regional. Cuando salíamos a la calle, él pagaba más veces que yo, por nuestra situación económica. Al pasar los años acordamos que él dedicaría tiempo al cuidado de su madre, que estaba muy enferma, y cuando salíamos yo pagaba más veces que él. Teniendo en cuenta cómo son las cosas, uno no puede asumir un rol y esperar que ese rol sea estático ni presionar a la pareja a que asuma un rol si las circunstancias no lo permiten.

Ejercicio Capítulo 4

Esta semana hemos analizado todos los peores errores de dinero y cómo las parejas los han afrontado o no. Tu ejercicio será redactar un acuerdo de resolución de conflictos en caso de que cualquiera de estas catástrofes ocurra en tu relación. Se ha demostrado que tomar medidas preventivas y comunicarse cuando la relación no es saludable puede aumentar las posibilidades de ruptura si aparece un malentendido. Rellena los espacios en blanco en el siguiente acuerdo:

Acuerdo

En primer lugar, haz una lista de las cosas que podrían causar conflictos.

_____

_____

_____

_____

_____

_____

_____

_____

Cómo manejarán lo siguiente:

¿Problemas familiares?

¿Problemas personales?

¿Problemas financieros?

¿Abuso verbal o físico?

¿Mentiras?

¿Deslealtad?

¿Culpas?

¿Desequilibrio en la división de las tareas rutinarias?

¿Hábitos o adicciones destructivas?

¿Transparencia?

Escribe cómo los resolverás.

_____

_____

_____

¿Qué harás si no puedes solucionar el problema con tu pareja?

_____

_____

_____

¿Quién será el mediador de la relación?

_____

_____

Cada uno de ustedes debe cumplimentar el cuestionario y firmarlo. Es importante hacer concesiones.

_____

Aunque parezca que el Paso 4 supone una nota negativa (¿por qué hablo de estar preparado en caso de que las cosas salgan mal si el libro va sobre parejas felices?), este capítulo es muy importante. Espero que no tengas que utilizar nunca la mayoría de los consejos que te hemos dado, pero está bien que los conozcas. Recuerda que persona precavida vale por dos. Y, asumiendo que nunca se separaran, la probabilidad de que ambos dejen este mundo juntos es muy romántica, pero poco factible. Es más probable que uno se enferme y el otro tenga que manejar las finanzas, así que a planificar y protegerse el uno al otro con un plan de contingencia.

CAPÍTULO 5
PASO 5

Mejora la experiencia, hazla duradera[19]

Hemos llegado al final del recorrido. Así que, antes de que comiences a leer el último capítulo, me gustaría que dedicaras un segundo a felicitarte. No es fácil entender las costumbres de una persona, ¡así que imagínate de dos! Por eso, respira hondo y disfruta de la paz mental que te mereces por haber llegado hasta aquí. En el Paso 1 hablamos de los distintos perfiles financieros para entender que tu pareja es diferente a ti; puede que ustedes tengan personalidades parecidas, pero, a no ser que crecieran bajo el mismo techo con los mismos padres (y aun así los hermanos son también distintos), es muy probable que tengan personalidades diferenciadas. El Paso 2 pretende que ambos decidan juntos cómo se van a combinar las responsabilidades financieras con el cumplimiento de sus sueños. El Paso 3 toma en consideración estos acuerdos y propone formas de elaborar un plan de gastos que permita alcanzar esos objetivos. Puedes usar uno de los muchos estilos que comparto. El Paso 4 es especial para mí porque tengo un interés más allá de lo terrenal en que, si quieres estar con tu pareja, continúen unidos y no se separen por temas financieros; es uno de mis propósitos de vida y aquí te comparto muchas ideas para que estén protegidos, entendiendo que nada en la vida es garantizado. Y, finalmente, con el Paso 5 vamos a llevar a otro nivel los fundamentos que has adquirido a lo largo de esta lectura.

Mi intención es que, a través de las historias verdaderas y de las estadísticas que voy a compartir, puedas llegar a tus propias conclusiones. Quizás puedan leer una historia por día para evaluarla juntos como pareja. Muchas veces es difícil que las parejas sigan esta guía juntas, pero estoy segura de que, si tú lo has hecho hasta ahora, este libro fue un empujón en la dirección correcta. En este último capítulo hablamos de tres parejas que demuestran no solo amor puro, sino también comprensión y entendimiento. Nos enseñan cómo ambos miembros de una pareja pueden llegar a la cima juntos si se comprometen y concentran; el éxito puede ser de ambos.

Por eso, antes de nada quiero preguntarte: ¿estás comprometido?, ¿le dedicas lo suficiente a la pareja? Te invito a que contestes estas preguntas. Te ayudarán a saber si tú o tu pareja han invertido lo necesario (capital humano y financiero) para triunfar. De no ser así, sigan al pie de la letra este libro desde el principio. Estas son las preguntas:

1. ¿Qué caracteriza a las parejas que conocemos que realmente se llevan bien y son financieramente estables?

2. ¿Qué características tienen las parejas que conocemos que terminaron su relación de forma disruptiva y qué podemos hacer para evitar que nos pase a nosotros?

3. ¿Cuáles son las posibles causas de nuestros conflictos y cómo podemos trabajarlas?

4. Si de la noche a la mañana uno de nosotros se golpea la cabeza y se transforma en lo opuesto o queda en muy malas condiciones, ¿qué nos gustaría que hiciera nuestra pareja?

5. ¿Qué consecuencias nos comprometemos a respetar en caso de que no hagamos lo que dijimos que haríamos?

¿Coinciden sus respuestas? ¿Cuáles sí y cuáles no? Recuerda que en la variedad está la salsa de la vida y que no importa que tengan perfiles opuestos, o que hayan respondido de manera distinta a este cuestionario inicial. Tómenlo como una forma de romper el hielo, de iniciarse en el tema. La buena noticia es que, si creen que no están aportando lo suficiente al matrimonio, a nivel humano o a cualquier otro nivel, todavía están a tiempo de solucionarlo. Lo primero es detectar dónde radica el problema, si está localizado, o saber su tendencia a la hora de invertir. Te puedo proponer que respondan a este pequeño test (sí, nos encantan este tipo de pruebas divertidas) como punto de partida. De este modo, y tras comparar sus resultados con las respuestas que dieron a las cinco preguntas del inicio, pueden adentrarse en el último capítulo con las ideas un poco más claras acerca de si tienen personalidades financieras compatibles, considerando dónde aportan e invierten a todos los niveles. Como siempre, recuerda que estos tests solo tienen carácter orientativo y que un especialista podrá darte información más detallada al respecto.

TEST – PERSONALIDADES DE INVERSOR

1. Uno de ustedes tiene 15.000 dólares en deudas en la tarjeta y otro de ustedes paga su tarjeta siempre al completo, ¿quién es legalmente responsable de pagar una vez que se casen?
   a. Ambos
   b. El que tiene la deuda
   c. El que tiene el sueldo más grande
   d. Se debe juntar y luego pagar juntos

2. Cuando uno se casa, lo mejor que puedes hacer es juntar todas las cuentas

a. Siempre

b. A veces

c. Nunca

d. ¿Qué cuentas?

3. Si tú quieres ahorrar para un negocio y él quiere gastar en comprarse un carro nuevo, ¿cómo deberán usar su dinero?

a. Siempre ahorrar antes de gastar

b. Mantener su dinero separado

c. Darse un presupuesto cada uno

d. Pedir permiso

4. Si ella invierte en empresas con alto riesgo y él es conservador y tiene su dinero a plazo fijo

a. Ir a un psicólogo para que los haga pensar igual

b. Evaluar la tolerancia de riesgo y hacer un portafolio basándose en sus tolerancias

c. Cada uno por su cuenta

d. No hablar de inversiones y evitar esas conversaciones

5. Si tienen que ahorrar para un fondo de emergencia, la educación de los niños, su jubilación y una casa, ¿en qué orden de prioridad lo harían?

a. Educación niños, jubilación, emergencia, casa

b. Emergencia, casa, jubilación, educación

c. Jubilación, niños, emergencia, casa

d. Niños, casa, jubilación, emergencia

6. Si uno tiene mejor puntaje de crédito que el otro y se quieren comprar algo juntos

a. Esperan que el crédito de ambos sea correcto

b. Usan el crédito del que tiene mejor puntaje

c. Evalúan la diferencia

d. Usan el crédito de ambos y cortan otros gastos para que alcancen los pagos

Resultados, si tu puntaje tiene mayoría de *a*, eres conservador, y queda espacio para mejorar; si obtienes una mayoría de *b*, muestras una gestión excelente, enséñales a los demás sobre esta relación; si tienes una mayoría de *c*, estás moderadamente bien, pero puedes mejorar. Si tuviste una mayoría de *d*, te recomiendo que pidas ayuda.

Eres una persona conservadora (mayoría de *a*) – La mayoría de las respuestas no son del todo equivocadas, con excepción de la primera, ya que, al casarse, el crédito no cambia de titularidad. Sin embargo, hay que tener cautela cuando uno piensa que la vida es corta y que hay que recurrir a soluciones más directas. Por ejemplo: ir al psicólogo, esperar que el crédito de ambos esté en buenas condiciones, dar prioridad a los niños...

Bien (mayoría de *b*) – La mayoría de las respuestas *b* son las que solucionan el problema a más corto plazo y por lo general son las que más se recomiendan, asumiendo que tu panorama no se salga del cuadro promedio. La idea es tener un fondo de emergencia primero, luego un techo y luego dar paso a la independencia financiera y la educación de los niños.

Moderadamente bien (mayoría de *c*) – Son las más directas y van al grano, se caracterizan por ser individualistas. Muchas veces deberás asumir el liderazgo de la pareja. Consiste en usar a cada persona con sus fortalezas, y muchas veces esto puede funcionar si ambos se complementan para llegar a las metas que se trazan.

Pide ayuda (mayoría de *d*) – La mayoría de las respuestas tipo *d* son muy románticas, inocentes y vulnerables. En las finanzas hay espacio para este tipo de enfoque; sin embargo, hay que ser conscientes de que ignorar o aplazar las soluciones no resuelve los problemas. Lo mejor en las finanzas es encarar y ser transparente al comunicar sus necesidades y expectativas financieras. Con excepción de la respuesta 1, donde las deudas no se deben juntar, sobre todo si uno es gastador y el otro aho-rrador, las demás respuestas no son inválidas. Pero ignorar las decisio-nes importantes cuando los problemas son pequeños dificulta mucho cuando estos aumentan, sobre todo desgastando en dinero y tiempo.

Aunque a estas alturas ya tienes una idea bien formada de tu persona-lidad financiera, este test que acabas de realizar te ayudará a confirmarla. Si sigues obteniendo unos resultados poco positivos, la lista de habilidades para afrontar problemas que comparto a continuación, sumada a los conse-jos de los capítulos precedentes, te ayudarán a salir del ciclo negativo, Si, por otro lado, ya eres prácticamente un profesional de las finanzas, estos diez mandamientos siempre te vendrán bien para prepararte aún más (si es que no los conocías). Estos son, por así decirlo, los diez mandamientos de toda pareja exitosa, ya que muchas de las parejas que son felices con el manejo de su dinero siguen los siguientes patrones según mi experiencia.

1. **No son impulsivas con sus finanzas**, tienen la habilidad de implementar la gratificación pospuesta. Esto sucede cuando existen metas en común y las preguntas acerca de lo que vas a gastar o invertir están de acuerdo con las metas que trazaste con tu pareja. Hay un estudio realizado por el doctor Mischel en 1960, que consistió en un experimento con nubes de gominola: le daba un solo dulce a cada niño y, si el niño aguantaba la necesidad de comérselo durante un tiempo determinado, le daba dos. Esta sería la representación perfecta de cómo la gratificación pospuesta acaba saliendo rentable. Esos niños que tienen el poder de posponer son menos adictivos, se divorcian menos y tienen mejores notas en la escuela.

2. **Entienden la diferencia entre querer y necesitar**, sobre todo hacia los acuerdos alcanzados como pareja. Por ejemplo, yo puedo necesitar un viaje, pero mi marido, no. ¿Cómo reaccionamos ante esa

situación? La idea está en incluir todas las opiniones en la decisión. Por otro lado, si para mi esposo es una necesidad tener algo de marca y para mí, no, con tal de que nos fijemos un presupuesto estará bien. Las parejas exitosas ponen el dinero en cosas que pueden agregar valor.

3. **Cuentan con múltiples fuentes de ingresos**, es decir, no dependen solo de un sueldo. Esto hace referencia a lo que todos conocemos como tener un plan b. No se trata solo de que ambos miembros de la pareja trabajen, o de que incluso uno de los dos tenga dos empleos. No. Hay múltiples fórmulas, como invertir una parte de las ganancias para hacerlas crecer, que pueden dar resultado.

4. **Respecto a inversiones, piensan en el largo plazo y automatizan el ahorro**, ya sea mandando un porcentaje de sus ingresos religiosamente, o usando el «cambio» para invertir, o mandando dinero a su cuenta de retiro.

5. **Siguen un presupuesto, saben a dónde se destina el dinero**. Esto debe hacerse sistemáticamente. Este consejo se ha desarrollado a fondo en el apartado de establecer objetivos. Pónganse de acuerdo en reunirse todos los _____ a la hora de _____.

6. **Fondo de emergencia** con un mínimo ideal que equivalga a seis meses de ingresos. Este paso se debe de analizar bien porque, en función del nivel de ingresos, tendrán que destinar más o menos cantidad y tenerla separada de todos los demás ahorros para que no haya un malentendido. Tendrá que estar en una cuenta con ambos nombres y solo usarse en caso de emergencia. Es importante que tengan una carta de poder notarial en caso de que suceda una emergencia de salud y no puedan firmar ambos para retirar el dinero.

7. **Viven con menos de lo que tienen** y saben a qué número deben llegar para lograr independencia financiera. Un estudio alrededor del mundo para investigar como vivía la gente en proporción a sus ingresos obtuvo un dato sorprendente: los chinos viven con el 50% de su sueldo, pero, por otro lado, sin dejar de gastar en las cosas necesarias. Esto nos demuestra que sí se puede. La regla es 50\20\30; gasta el 50% en lo que necesitas (fijos), el 30% en cosas que quieres y el 20% en lograr tus metas, como reducir deudas, jubilación o comprarte una casa.

8. **No entran en deudas que no pueden pagar**. La regla sería no meterse en deudas negativas, cosas que se salen del presupuesto y que no se paguen al completo todos los meses. Las deudas negativas se refieren a cosas que no crecen con el tiempo y cuyo interés sube el valor de la propia deuda haciéndolo muy costoso de pagar. Para tener libertad financiera debes deshacerte de todas tus deudas negativas. Por otro lado, sí puedes mantener las positivas, ya que estas están invertidas en cosas que están subiendo de precio o tienen el potencial de revalorizarse.

9. **No lo hacen solos, usan asesores que tienen experiencia**. Siempre contratan a alguien que lo haya hecho durante más tiempo o con experiencia amplia con parejas. Llega un momento en el que el tiempo es más importante que el dinero y, si este asesor te puede ahorrar tiempo y dar la confianza de que su consejo está basado en miles de familias exitosas, merece la pena la inversión de seguridad y tiempo.

10. **Evalúan juntos las alternativas y las oportunidades**. Cada vez que hacen una compra, como una casa, un auto o una empresa, se involucran en cuál es la mejor estrategia y evalúan juntos los números del costo oportunidad. ¿Será mejor comprar el auto nuevo en efectivo, financiado en alquiler, o comprar un auto usado pero con garantía? Lo mismo con la casa: ¿con una inversión del

20% o 30% en el área más costosa pero de un tamaño pequeño, o en el área menos costosa pero con un terreno más grande? Lo mismo con la cartera de inversión; en este caso existen muchas alternativas.

¡SÍ SE PUEDE! APRENDIENDO DE LOS CASOS EXITOSOS

A lo largo de este libro, te he bombardeado con información, ideas, consejos y ejercicios. Sin embargo, aunque sí que he mencionado casos relevantes de clientes a los que asesoré, me gustaría que termináramos este recorrido con un buen sabor de boca y con la sensación de que, efectivamente, es posible cambiar los hábitos financieros tanto tuyos como de tu pareja. Y no solo eso, hay casos de éxito que así lo demuestran. El tuyo mismo es un caso ejemplar porque sigues con tu pareja a pesar de los obstáculos que se han encontrado; solo te faltaba un pequeño empujón y tomar conciencia de las cosas que pueden hacerse para mejorar las finanzas, ahorrar y acrecentar su patrimonio. Para finalizar, pues, quiero compartir grandes historias de amor entre famosos que todos conocemos. Algunos de ellos nos han acompañado desde nuestra infancia hasta ahora. No porque seamos curiosos (¡que lo somos!), sino para que veas que el amor es igual para todo el mundo, independientemente de si son ricos y famosos, o no. Las técnicas son siempre las mismas, así que, si funciona con ellos ¿por qué no iba a funcionar contigo?

Shakira y Piqué
– Cantante y deportista

Podrían reemplazar a Victoria y a David Beckham en términos de parejas poderosas. Él tiene un título mundial, y su equipo no para de acumular reconocimientos, y ella ha vendido más de 70 millones de álbumes en todo el mundo. Shakira conoció a Piqué durante el mundial de Sudáfrica del 2010, que acabó ganando España, cuando ella tenía 33 años y él 23. Ambos son empresarios con profesiones completamente diferentes y, tras siete años de relación y dos hijos, han escogido mantener sus finanzas separadas; aún no han contraído matrimonio, aunque su relación crece cada día más. De acuerdo con *Diario Gol*,[20] Shakira gana 48 millones de euros al año, una cifra muy superior a la de Piqué, quien gana 5,8 millones de euros al año, que resulta en 90 millones al año, si se cuentan los beneficios por otros conceptos. Esta pareja también es muy especial porque, al igual que otras parejas exitosas, dedica gran tiempo a la fundación Pies Descalzos, que ayuda a niños a mejorar con la educación y que fue seleccionada como la mejor institución educativa de Colombia. Fue creada en 1997, con el objetivo de apoyar a niños en situación de vulnerabilidad de desplazamiento por la violencia. Su misión es la educación pública, la cobertura nutricional y el proveer herramientas para la vida. Shakira figura con un patrimonio de 140 millones de dólares y es una de las mujeres más influyentes del planeta. Son un ejemplo de dos personas que provienen de entornos, países y profesiones distintos y con una diferencia de edad considerable. Sin embargo, han sabido establecer metas comunes, como su implicación en proyectos solidarios, y han decidido claramente qué bienes son de cada uno y cuáles de los dos, y dan libertad al otro para que tenga una vida profesional satisfactoria.

Bill y Melinda Gates
– Empresarios

Con un patrimonio estimado en 85.000 millones de dólares, Gates es el hombre más rico del mundo, de acuerdo con la revista *Forbes*. Tras la finalización de su labor como CEO de Microsoft, ha dedicado su tiempo a compartir y volcarse con la comunidad. Con una fundación que lleva el nombre de él y su esposa, Bill and Melinda Gates Foundation, ambos han establecido una meta común: mejorar la educación y expandir la salud y oportunidades económicas para las personas de recursos más bajos. Él dice que la clave para el éxito de la vida en pareja es tener una estrategia. Por ejemplo, si estás comprando algo grande o necesitas un préstamo, necesitarás un método bien definido para llegar a lograrlo. No actuar solamente por impulso aumentará las probabilidades de éxito. Sus hijos tienen una mesada y realizan tareas en la casa. A ambos les gusta viajar juntos y planificar también juntos las cuestiones que atañen a la fundación. Y en su tiempo libre disfrutan mucho yendo al cine los dos. Una vez al mes tratan de regalarse un fin de semana de actividades como escalar y relajarse. También apoyan el lanzamiento de The Giving Pledge con Warren Buffett, un proyecto que motiva a los ricos del mundo a que destinen la mayor parte de sus riquezas a la filantropía. Los Gates podrían darnos una clase magistral de gratificación pospuesta y de evitar tomar decisiones monetarias basándonos en nuestras emociones. ¿Ves? Al final, todo el mundo tiene problemas similares, y soluciones que funcionan.

David Bowie e Imán
– Cantante y empresaria

Con un patrimonio de 200 millones de dólares, la modelo de Somalia y el cantante David Bowie formaron un matrimonio que duró 24 años. Según decían, cuando estaban en casa eran dos personas comunes; sabían diferenciar entre el personaje creado para los medios y la persona detrás de este. Había una comprensión de por qué el otro actuaba y decía esto o aquello, se habían llegado a comprender el uno al otro perfectamente, incluyendo sus fortalezas y debilidades, las diferencias entre domino público y vida privada... El secreto es darle importancia a la relación. Como mujeres, a veces queremos tener una carrera profesional, cuidar de los hijos y muchas otras cosas más al mismo tiempo. Pero uno tiene que estar preparado para darle prioridad a la relación, pues en caso contrario algo puede no funcionar. Hay que saber priorizar los objetivos comunes, para poder abarcar y dedicar tiempo a los que merecen la pena. David también apoyaba a Imán en sus esfuerzos filantrópicos de ayudar a víctimas de abuso doméstico, y gran parte de su empresa era para ayudar a la comunidad. Además de ser un buen esposo y padre, fue un buen planificador, ya que dejo el 50% a su esposa, el 25% a su hija y el 25% a su hijo. Se asesoró muy bien para crear una estructura que no solo le beneficiara a él, sino que protegiera a su familia y creciera con el tiempo.

Tom Hanks y Rita Wilson
– Actores y empresarios

El secreto matrimonio de veintinueve años entre Tom y Rita es uno de los mejores guardados, pero sí que han compartido con todos una idea que es interesante: nadie menor de treinta años debería casarse. «Aprendimos el secreto de la felicidad como pareja hace muchos años, y es siempre decir la verdad». El oscarizado actor dice que el amor entre ellos ha ido creciendo con el tiempo. Y la batalla de Rita contra el cáncer en 2015 los unió aún más. «Uno nunca sabe cómo reaccionará tu pareja en estas situaciones —dijo—. Estoy tan asombrada y encantada del gran cuidado que mi esposo me dio». De hecho, aún se acuerda de las famosas palabras que Tom le dedicó: «Tú nunca tendrás que cambiar nada sobre quién eres cuando estés conmigo». Su consejo es que, aunque muchas personas digan que la vida en pareja es difícil (y muchas veces lo es), lo importante al final del día, y lo que verdaderamente importa, es poder disfrutar de tu pareja. Reírte, trabajar y crecer juntos. Dicen que, aunque la parte física de una relación pueda ir decayendo, lo importante es apreciar las fortalezas de cada uno.

Armando y Gonzalo
– Editor y papá a tiempo completo

Quiero poner el mejor colofón a esta serie de historias contándote una muy especial. Para poder plasmarla en este libro, entrevisté a Armando Correa, editor jefe de *People en Español*. Entre las conclusiones de esa entrevista, puedo decirte que Armando Correa atribuye la formación de su personalidad financiera a sus raíces en Cuba, y a ver a su abuelo que, con el ejemplo, le enseñó a actuar conscientemente con el dinero. Cuando Armando llegó a Miami empezó a leer «El Rey Del Ahorro» del suplemento

Éxito, del *Sun Sentinel*. Esta información lo ayudó a formar su crédito y crear con su pareja una disciplina en cuanto a las finanzas de la casa. En Miami, como exiliado, siguió cultivando su pasión por la literatura y comenzó su carrera como reportero en el *Miami Herald* y luego como escritor para *People en Español*. «Fue duro», nos confiesa. Su objetivo primordial era cubrir sus gastos básicos, pero contaba con el apoyo incondicional de su pareja. Este equilibrio emocional le ayudó a cumplir su otro sueño: tener una familia a toda costa. Finalmente, con la ayuda del proceso de fertilización, no solo tuvo a la hermosa Emma, sino también a los maravillosos mellizos Ana y Luca años después. «Ambos trajeron alegría y retos nuevos», confiesa Armando. Y fue en ese momento cuando todo empezó a cambiar. «Nos mudamos a Nueva York, los bebés requerían atención y decidimos en pareja que necesitábamos a un papá a tiempo completo. Gonzalo aceptó asumir este gran reto y, gracias a él, hoy puedo balancear mi carrera y mi familia».

Estas son algunas de las lecciones y filosofías que han ayudado a la vida financiera del editor jefe de *People en Español* y, por ende, a su estabilidad emocional:

1. **Tenemos siempre como objetivo comprar en vez de alquilar.** Hemos tenido que hacer sacrificios, pero gracias a eso contamos con seguridad financiera a través de las propiedades que hemos podido adquirir.

2. **Somos siempre conscientes de la importancia del dinero y de la necesidad de que tu pareja entienda tus sueños.** Tengo la suerte de estar con Gonzalo, que valora mi trabajo, y ambos entendemos el largo proceso que ha sido necesario para conseguirlo.

3. **Somos justos con los gastos, valoramos las vacaciones y hacemos decisiones financieras que reflejen los valores de la familia.** Por ejemplo, en lugar de un campamento de verano, dejamos a los niños en Miami con mi mamá y mi hermana, disfrutando del departamento que tenemos cerca de la familia.

4. **Evitamos las deudas y las tarjetas de crédito.** Cuando tenemos que comprar algo grande, como un televisor o una computadora, ahorramos y lo pagamos en efectivo.

5. **Hablamos de las prioridades financieras y de las consecuencias de que estas cambien.** Nuestra prioridad son los niños y la estabilidad que les podemos proporcionar. Por ello, a la hora de comprar no elijo las cosas más caras, y no repongo nada hasta que no se rompa.

6. **Pagamos las facturas a tiempo y estamos atentos a los gastos fijos.** Mi objetivo es la libertad financiera. Por ejemplo, prefiero arreglar la casa a invertir en algo material solo para mí; prefiero cuatro camisas que duren a treinta camisas baratas; mantenemos los autos durante diez años e invierto mucho en libros para los niños.

7. **Mantenemos una cuenta en común, una tarjeta de crédito y una cuenta separada, y las revisamos con mucho cuidado.** Evaluamos cuidadosamente las compras por encima de los 200 dólares.

La tranquilidad financiera y la felicidad van de la mano cuando lo que importa es la familia, y nosotros siempre pensamos y tomamos decisiones financieras en familia. Por eso, para que una pareja sea feliz, es importante tener las cuentas en orden.

Todas las historias que acabamos de mencionar son ejemplos de relaciones maravillosas, aunque no son casos únicos: hay muchas parejas que han sabido aprender de los momentos difíciles, hablar y gestionar sus finanzas de manera saludable. Sin embargo, existen ocasiones en las que, lamentablemente, la ruptura es inevitable. Cuando llegue ese momento, y siempre tras haber intentado solucionar sus diferencias, habrá que tomar muchas decisiones importantes sobre dinero. Ya en el capítulo 4 hablamos largo y tendido sobre crear un escudo protector. Además, si se han seguido los consejos del libro, como tener una buena planificación financiera y reparto de bienes (tuyos y nuestros), seguro que estarán cubiertos ante cualquier posible imprevisto.

¿CADA UNO POR SU LADO? LA IMPORTANCIA DE SEPARARSE BIEN

Existen varias formas de separarse si no se pueden reconciliar las diferencias. Ten en cuenta que no soy abogada de divorcios, pero trabajo como mediadora en Estados Unidos, y tengo experiencia representando a parejas durante el divorcio, sobre todo en la parte financiera. Por eso, hay varios temas que me gustaría compartir contigo. Antes de tomar la decisión de romper, recomendaría que hicieran los ejercicios de este libro. Si creen que el matrimonio se puede salvar si se separan las finanzas, te confirmo que esta tarea puede llevarse a cabo también sin separarse. Esto lo puedes hacer a través de un «postnupcial», con un asesor financiero y un abogado que separarán los bienes siempre y cuando no existan conflictos. La diferencia entre este acuerdo y el prenupcial es el momento en el que se escribe y lleva a la práctica. Si no se firmó un acuerdo antes del matrimonio y hay algo que no quieren que se divida en caso de muerte o separación, se podrá hacer un postnupcio.

Una vez, un juez en Florida me dijo que no existía un postnupcio o prenupcio a prueba de balas; es decir, son mecanismos para proteger, pero su efectividad dependerá de cada circunstancia. En mi experiencia, la mayoría de las empresas familiares exigen este documento a sus hijos para proteger a la empresa en caso de muerte de sus hijos o divorcio, para así no acabar teniendo a un accionista como el ex de su hijo o hija que quizás no comulgue con la política o valores de la empresa. Un ejemplo de aplicación de este documento puede ser el de las parejas que se están peleando por finanzas, y que piensan que quizás valga la pena separar los bienes para ver si funciona la relación cuando el dinero no está de por medio. Otro caso es si uno de los esposos cuida de sus padres y los activos están destinados a ese cuidado (condición que se obtuvo durante el matrimonio) y, como mecanismo de protección, quiere sacar esos activos del cónyuge para que estos los herede, por ejemplo, una hermana, quien podría disponer de más tiempo y habilidad para cuidar a sus padres.

Es común que una pareja con hijos de diferentes matrimonios y que aún estén acumulando activos firme este documento durante el matrimonio para evitar un problema con los hijos de otro matrimonio en caso de separación o muerte. Por ejemplo, la casa que se compró durante el matrimonio le corresponde a Sebastian y Patricia, ambos con dos hijos cada uno de otros matrimonios. Si fallece Patricia, ese bien tendrá que ser separado, en vez de destinar otros activos por monto en lugar de por activo, una casa para uno, otra para otro, etc. Seguimos con Sebastian y Patricia. Se casaron en segundas nupcias. Tienen una casa de 250.000 dólares, que se compraron al casarse, y dos hijos grandes. Durante el matrimonio también compraron un terreno de 50.000 dólares, una propiedad de inversión de 100.000 dólares y un negocio de 100.000 dólares. En lugar de heredar todo el patrimonio de 500.000 dólares, se podría hacer un contrato postnupcial diciendo que a Patricia le pertenece la casa y a Sebastian el terreno, la propiedad de inversión y el negocio, los cuales están valorados en el mismo monto 250.000/250.000. Sebastian también cuida de sus padres y quiere asegurarse de que habrá un poco de dinero para su cuidado; su hermana se ofreció, pero necesitará capital para poder cuidarlos. Al separar los activos, Sebastian sabe que, en caso de muerte, ese activo de 250.000 dólares podrá ir directo a su hermana.

Los acuerdos postnupciales son, pues, una opción realmente interesante que podría salvar una relación que esté pasando por un altibajo por cuestiones financieras. Sin embargo, antes de llegar a ese punto, primero debes analizar de dónde vienen los problemas de tu relación. Yo creo que la vida nos da lecciones para aprender, y de alguna forma nuestra pareja enfatiza esas lecciones; por eso, si estás evaluando si separarte o no, mira hacia la raíz del problema. Si la causa es abuso doméstico, que incluye el abuso económico, o alguna causa que no puedes perdonar, puedes proceder. Sin embargo, si es algo que piensas que podría mejorar si ambos se ponen a trabajar en ello, busca ayuda. Una cosa que aprendí durante mi posgrado en terapia familiar sobre los sistemas de familia es que los patrones se repiten, ya sea en la relación con un jefe o compañero de trabajo, o con un padre, hijo o pareja. Y depende de ti que te des cuenta de qué patrón estas repitiendo y cómo lo puedes sanar, para que esa lección se transforme y puedas seguir adelante. No creas que salir corriendo de una relación puede mejorar tus finanzas o que estará la persona perfecta al otro lado si no curas, sanas o le pones fin al conflicto presente. Creo que las finanzas solo mejorarán y que esa persona perfecta existe, siempre y cuando se solucionen los motivos originales y se pueda pasar la página. Para algunos, un psicólogo o experto en terapia será la persona indicada; para otros, un experto en finanzas o religión. Independientemente de si te apoyas en alguien, o de si lo haces por tu cuenta, es fundamental que te autoanalices e intentes corregir los errores desde su origen.

En Estados Unidos, y me imagino que en el resto del mundo, existen varias formas de separarse:

1. Haciéndolo solos con la municipalidad si es una decisión amigable.

2. Con un mediador si hay cosas que decidir juntos.

3. Con un abogado tuyo y otro suyo para poder conocer tus derechos. También existe un modelo «collaborative», donde además de los abogados se introduce un experto en finanzas y un experto en terapia familiar para facilitar el proceso, teniendo en cuenta que la pareja firmará que ese equipo no los podrá representar en la corte si deciden ir a juicio.

4. Con abogados y un juez en la corte cuando las diferencias no pueden resolverse con acuerdo.

5. A través de «separación consciente». Katherine Woodward Thomas describe este proceso, en su libro *Separación consciente*, como aquel en el que los miembros de la pareja aprenden a hacerse el mínimo daño a sí mismos, el uno al otro y a sus hijos. La pareja que llevó este proceso a la fama fue la de Gwyneth Paltrow y Cris Martin.

Es un proceso donde ambas personas se dan cuenta de que deben resolverse las diferencias con el objetivo de que cada uno sane y no haya víctimas. Como al final la parte legal se tendrá que hacer de todos modos, la única diferencia es el proceso de sanación y perdón.

SEXO Y FINANZAS COMO DETONANTES DE UNA DISCUSIÓN

Para poder conocer mejor los casos de divorcio, me reuní con mi gran amigo Phil Schecter, que es contador forense. Participa en más de 300 divorcios al año y a lo largo de su carrera de 30 años ha estado presente en más de 5.000 divorcios. A la pregunta de qué es lo que deben hacer las parejas para no terminar en su oficina, lo tiene claro: «Antes de casarse, decidir qué se va a compartir y qué no. El matrimonio es un contrato acerca de cómo se llevará a cabo la relación física y económica. Deben definir roles, sobre todo en el momento de tener hijos, evaluar el permiso de maternidad, paternidad y cómo se dividirá el tiempo». Schecter también tiene una opinión muy clara acerca de los casos más serios. «Entender la diferencia entre educarse y planificar juntos, de un lado, y tener mucho cuidado en usar el dinero como una herramienta de control». Pero ¿por qué hay tantas relaciones que acaban en divorcio hoy día? Schecter apunta a datos históricos como motivo. Hasta hace unos años, era perfectamente común y aceptable que el hombre fuera el encargado de salir a cazar, traer la comida a la «cueva» y que la mujer se quedara en casa a cuidar a la familia y preparar la comida. Indudablemente, hemos avanzado mucho. La vida en pareja para los antepasados era casi como tener una propiedad. Sin embargo, aún arrastramos una herencia. Considera que recién hace 100 años que las mujeres pueden heredar activos, usar anticonceptivos y tener derecho a votar. Por eso, las mujeres deben saber que, cuando se toman decisiones, los hombres todavía le dan más valor al sexo que al dinero en pareja, y que las mujeres en su mayoría priorizan el dinero por encima del sexo. Y cuando uno de estos dos falta es cuando empiezan los grandes problemas.

Luego de entrevistar a mi amigo Phil, el contador, y concluir que los divorcios son causados por falta de sexo y finanzas, decidí sentarme con mi amiga Amor, psicóloga y *sex coach*. Amor Antúnez ha trabajado con cientos de parejas en Latinoamérica y es autora de *Sexo con cinco*.

«La falta de intimidad es el resultado de un conflicto que no se ha enfrentado y que se manifiesta en problemas en la cama y afecta al hombre y a la mujer bajándoles los niveles de libido», afirma la experta.[21] Antúnez también tiene una explicación del papel del dinero en el hombre y en la mujer. «En el hombre, más dinero es poder que lleva a la pareja, más control. Por otro lado, cuando es la mujer la que hace más dinero, la relación por lo general se deteriora, porque el hombre quiere verse como el gran proveedor. Esto tiene efectos en la intimidad que pueden llegar hasta el desarrollo de disfunción sexual. Para el hombre es muy importante su autoestima, que por lo general se mide con dinero, poder y sus habilidades en la cama; si le falta uno de estos su sexualidad se ve afectada; por otro lado, la mujer no se mide con solo tres aspectos, son muchos más, que incluyen si es querida, entendida, escuchada, atendida, apreciada, etc.».[22]

Antúnez es, por tanto, partidaria de una visión que afirma que los hombres y las mujeres tienen sus diferencias a la hora de administrar las finanzas, y que estas, junto a otros factores como el sexo, pueden ser detonante de problemas de la pareja.

Profundicemos un poco más en el tema. No cabe duda de que las mujeres han ido adquiriendo protagonismo en las finanzas durante la última mitad del siglo pasado y que ahora ocupan un lugar prominente. Por ello, al hablar de personalidades financieras diferenciadas, también hay que hablar de la posibilidad de que el factor género influya en la formación de estas personalidades. Pero ¿es verdad que las mujeres son de Venus y los hombres de Marte cuando hablamos de finanzas? Para descubrirlo, en la siguiente sección, analizaremos los cuatro aspectos del presupuesto —ahorro, gasto, inversión e ingresos— de manera similar a como lo hicimos al principio del capítulo 1, pero centrándonos en cómo de dispares son desde el punto de vista de las diferencias de género. No le restes importancia a este apartado en caso de que seas hombre, ya que esta parte será como abrir una ventana y dejar que un soplo de aire fresco arroje luz a la situación económica que vive tu hermana, madre o incluso pareja en la sociedad actual. Una visión de 360 grados que sin duda ampliará tu capacidad si tienes que analizar en pareja los desajustes financieros.

La mujer moderna en las finanzas de hoy. Hablando de presupuesto juntos.

Cuando la ganadora de un premio Oscar, Reese Whiterspoon, vio que tenía problemas para conseguir papeles de interés, ya fuera por su edad o por el simple hecho de ser mujer, decidió arriesgarse y comenzar a producir ella misma proyectos que mostraran a una mujer fuerte, moderna y consciente de su poder. De este modo, no solo regaló al público dos de las películas más taquilleras del 2014, *Gone Girl* y *Wild*, sino que lanzó un mensaje alto y claro: las mujeres somos generadoras y creadoras de riqueza económica y sociocultural, y tenemos unas inquietudes que no siempre aparecen representadas en la justa proporción en la sociedad. En esta sección vamos a tratar el papel de la mujer en el paradigma económico actual.

La mujer ha llegado a todas las esferas del mundo occidental, tenemos presidentas de gobierno, astronautas, premios Nobel... no cabe duda de que el avance ha sido abismal en las últimas décadas. Pero ¿qué ha sucedido en el ámbito de las finanzas? En el ecosistema familiar, las mujeres han participado, y liderado, la toma de decisiones durante siglos. De hecho, de acuerdo con *Business Insider*,[23] el noventa por ciento de las mujeres todavía controla el monedero en los hogares, participando en la compra de artículos del hogar o en la adquisición de un coche o una casa. ¡*Kudos* por nosotras! Es muy importante que hayamos llegado al momento actual en el que reconocemos la importancia de estar al tanto del dinero que se genera en el hogar, de lo contrario arriesgamos nuestra seguridad financiera y, en caso de que desafortunadamente surja algún imprevisto no deseado, no sabremos reaccionar.

En la historia de mi familia, tuve a dos bisabuelas que sufrieron mucho porque no se involucraron en las finanzas del hogar. Mi bisabuela por parte de padre, Juana Chang, era de ascendencia china y vivió en Cajamarca, Perú, a principios del siglo veinte. Conoció a mi abuelo Chiong, un doctor y físico de Hong Kong, se enamoraron y se casaron. A mi bisabuela Juana le gustaba mucho viajar y siempre quiso acompañar a mi abuelo cuando iba por viaje de negocios a China, pero, al tener seis niños, no podían ir rápido y volver. Debían planificar bien sus viajes y que los niños asistieran al colegio en Hong Kong. El abuelo era comerciante, empresario y dueño de muchas tierras en Cajamarca. Los agricultores alquilaban su tierra y él también guardaba depósitos para los comerciantes. Además, trabajaba en la industria ferroviaria y compró propiedades en Lima, que, debido a su crecimiento, ofrecía muchas oportunidades para aumentar su patrimonio.

Todo fue muy bien hasta que un día, al entrar a uno de sus almacenes, contrajo una epidemia de esa época que también afectó a su yerno y a su primer nieto. Ninguno de los tres sobrevivió. Mi bisabuela Juana tuvo que cuidar de los seis hijos y de los negocios del abuelo de la noche a la mañana. Decidió mudarse a Lima, ya que no sabía cómo operar el negocio en Cajamarca, y en Lima podría vivir en una de las grandes casas que el abuelo había comprado. Poco a poco, Juana tuvo que vender las tierras para poder mantener a la familia. Un día conoció a un señor que le ofreció un negocio prometedor que requería que pusiera sus propiedades como garantía. Este señor le garantizó que no había riesgo y que sería un buen negocio. Poco después, el señor desapareció con las propiedades de mi bisabuela; hoy día tenemos el nombre y el apellido de ese señor que la estafó.

Podemos aprender dos lecciones de esta historia. La primera es que ella debió involucrarse más en las finanzas de la casa, pensar en un plan de sucesión y contingencia cuando el abuelo vivía. La segunda es la importancia de aprender juntos en pareja lo que un buen negocio necesita. En resumen: hay que tener un plan de sucesión e involucrarse en las finanzas de la casa. Increíblemente, mi abuela Teresa fue testigo de la tragedia de su madre y decidió convertirse en empresaria con su esposo, abriendo varias farmacias en San Isidro, Lima. Juntos manejaban las finanzas y operaban el negocio. Esta historia me ha servido mucho de ejemplo a la hora de manejar mis finanzas.

Por el lado de mi madre, sucedió algo muy parecido con mi bisabuela Carmen, que vivía en Trujillo también a principios de siglo y que conoció al inglés George Ford Cole. El abuelo era empresario y dividía su tiempo entre la industria del automóvil y la construcción de materiales para la guerra, como cañones, etc. Tuvieron a mi tía abuela mayor muy jóvenes y seguidamente a mi abuela. Vivían al costado de la catedral en Trujillo y un día nublado, saliendo de su casa, el abuelo fue capturado por un partido político, pensando que, por su trabajo, tendría información importante. Lo asesinaron de un tiro en la catedral de la plaza de Armas. Mi bisabuela Carmen estaba embarazada de mi tío. Al quedarse viuda con varios hijos, se fue a Lima a hablar con el presidente para que la protegieran a ella y a su familia del partido político. Lamentablemente, como no estaba involucrada en las empresas del abuelo, se perdió mucha de la fortuna y control. Mi abuela, al presenciar esto durante su infancia, también creó su propia empresa y manejó las finanzas de la casa toda su vida.

Entiendo que en esa época no era fácil intervenir en las finanzas siendo mujer, porque las mujeres no podían heredar propiedades. La primera vez que en Estados Unidos se concedió este derecho a las mujeres casadas fue en 1848, con la aprobación en Nueva York de la Ley de Propiedad de las Mujeres Casadas. Y en América Latina esto no ocurrió hasta el siguiente siglo, según el libro *Empowering Women: Land And Property Rights In Latin America* [Empoderando a las mujeres: tierra y derecho de propiedad en América Latina].[24] Ambas bisabuelas se vieron en una situación muy difícil porque, aunque los bisabuelos pudieron dejar algunos documentos legales, ellas no podían disponer de las tierras, empresas o propiedades legalmente y debían confiar en el buen hacer de un pariente hombre que tuviera el derecho de disponer. Y, aunque las conversaciones se pudieron haber producido, y ellas pudieron haberse preparado mejor, la verdad es que en esa época era un tabú hablar del tema. Sin embargo, mis dos abuelas sí controlaban las finanzas, mis abuelos les daban su sueldo y ellas administraban el hogar. Las mujeres siempre han tenido un gran rol en las finanzas de la casa, pero no necesariamente en la parte de planificación patrimonial, inversiones y sucesión.

Pero ¿en qué punto se encuentran las mujeres hoy día exactamente? Partimos de una serie de ideas preconcebidas. Seguramente habrás escuchado que las mujeres gastan más que los hombres, o que los hombres compran menos y de más valor; también es frecuente oír que los hombres gestionan peor su dinero. En esta línea de razonamiento se mueve el famoso éxito de ventas *Los hombres son de Marte, las mujeres son de Venus*, de John Gray.[25] Este manual versa sobre las relaciones entre ambos géneros, afirmando que las mujeres acostumbran a gestionar temas afectivos relacionados con la comunicación interpersonal y los vínculos, haciendo un guiño a Venus como diosa del amor. Por su parte, los hombres, más similares al dios de la guerra, Marte, lidian con cuestiones concretas, siendo proclives a la agresividad y la violencia.

¿Hasta qué punto se corresponden estas afirmaciones con la realidad? En mi experiencia como asesora me he encontrado con mujeres que, más que parecerse a Venus, son auténticas amazonas de la gestión financiera y las inversiones. De hecho, los datos en cuanto a cómo gestionan el dinero las mujeres y al nivel de responsabilidad adquirido son muy favorables. De acuerdo con *Business Insider*,[26] las mujeres controlan el 60% de todo el patrimonio personal y el 51% de todas las acciones de Estados Unidos. Estamos hablando de un perfil de mujer exitosa en las finanzas, con el que cada vez es más frecuente encontrarse y que, según un estudio realizado por BarbaraStewart.ca, suelen compartir tres aspectos de la gestión monetaria.[27] El primero es que estas mujeres dividen sus finanzas en metas, sueños y experiencia. En resumen, esto hace referencia a tener una metodología y ser disciplinada a la hora de ejecutarla. El segundo es seguir informada y en control. Estar enterada de lo que está pasando en la economía es muy importante para poder ser una inversionista más inteligente y ser consciente de los riesgos que se pueden tomar. Por último, tener un plan de adónde se dirigirá el dinero —invertirlo en tu carrera, en tu imagen o marca, o viajando para fomentar tus oportunidades profesionales— es muy importante.

Además, en este mismo estudio se descubrió que las mujeres inteligentes cuidan mucho sus finanzas, encuentran a asesores en los que pueden confiar, se centran en cosas que son de valor y ejecutan lo que se proponen. Lo importante de las finanzas es darles un propósito, un objetivo. Una persona que viene a mi mente cuando pienso en una mujer modelo que terminó haciendo todo lo que quiso y encontró tiempo para aportar a causas en las que cree es Oprah Winfrey. No solo es exitosa profesionalmente, sino que también hace cosas guiada por su pasión y en beneficio de los demás.

Aun así, teniendo en cuenta que las mujeres no solo se han hecho un espacio, sino que tienen una importancia vital en el campo de las finanzas y que su preparación se equipara a la de sus homólogos masculinos, sí que he notado ciertas diferencias más o menos visibles. Consideremos los cuatro componentes del presupuesto: ingresos, gasto, ahorro e inversión.

- **Ingresos y ahorro.** De acuerdo con *The Wall Street Journal*, la brecha salarial existente entre hombres y mujeres de todo el mundo está ligada a las habilidades de manejo del dinero de las mujeres. Esto es así porque están acostumbradas a enfrentarse al desafío de «hacer más con menos», siendo más estratégicas con el ahorro a largo plazo, las finanzas personales y del hogar. Uno de los grandes ejemplos de estirar el dinero y que rinda me lo dio mi abuela, que era comerciante y que poco a poco ahorró para comprarse una casa. Pero no fue fácil, ella también necesitaba un monto para abrir su empresa. Un día, una amiga la llevó a una reunión donde conoció a una gran empresaria, a quien le contó su idea de confeccionar ropa. Esta se quedó encantada con la idea y le prestó dinero a la abuela para llevarla a cabo, a pesar de que no tendría la liquidez para devolverlo hasta que el negocio pudiera producir. Poco a poco, mi abuelita pudo construir el negocio que le permitiría mandar a sus hijos a un colegio mejor y construir una casa a su medida. Aunque mi abuelo tenía un buen trabajo y fijo, ella ahorraba para los gustitos que consideraba importantes. Luego de varios años, cuando los niños se fueron de casa, esa casa significó su fondo de libertad para poder hacer lo que ella siempre soñó. Esta historia me enseñó a romper siempre el statu quo y también a no conformarme, invirtiendo en el futuro, desde hoy.

- **Gasto**. Aquí no hay sorpresas. El Centro Nacional de Estadística de Estados Unidos dice que los hombres gastan más en comida y desembolsan más dinero durante una cita. Por otro lado, las mujeres destinan más dinero a cuidado y artículos personales. Por ejemplo, de acuerdo con este estudio de 2012, las mujeres destinarían una media de 216 dólares al año en alcohol, mientras que los hombres gastarían 507 dólares, más del doble. En cuanto a los productos personales, la tendencia se invertiría: siendo 524 dólares frente a 194 dólares. Pero ¿cómo trasladamos estos datos anecdóticos a las finanzas generales? No se puede. Hay muchos factores distintos a considerar, así que tener en cuenta el gasto de manera aislada sería un reduccionismo. Lo importante aquí es que ambos se conozcan y que incluyan estos gastos en su planificación para que no haya sorpresas. Para ahondar en el conocimiento de ustedes y sus parejas, les recomiendo que respondan a este pequeño cuestionario. Dediquen cinco minutos a responderlo de manera individual y luego pónganse de acuerdo conjuntamente sobre qué elementos de la siguiente lista son metas y cuáles podrían considerarse necesidad. Respondan si lo quieren o lo necesitan y pónganlo por orden de prioridad.

a. Salir a comer todos los fines de semana

b. Viajar a un sitio que no conocemos todos los años

c. Cambiar la decoración de la casa cada tres a cinco años

d. Mandar a los niños a un colegio privado

e. Mantener nuestros gastos de la casa por debajo del treinta por ciento de los ingresos

f. Usar solo tarjetas de débito en lugar de crédito

g. Evaluar nuestro puntaje de crédito juntos todos los años

h. Hacer el presupuesto mensualmente juntos

i. Tener un fondo de emergencia que nos cubra de tres a seis meses

j. Usar seguros en lugar de ahorrar para un caso de emergencia

k. Cubrir gastos fijos antes que los variables

l.   Pagar en proporción de nuestros ingresos

m.   Actualizar nuestro plan de sucesión (testamentos, etc.) cada tres años

n.   Compartir las contraseñas en un sitio seguro

o.   Ahorrar para nuestra jubilación desde ahora

- **Inversiones**. Las diferencias en cuanto a las inversiones son visibles, ya que, en general, las mujeres arriesgamos menos que los hombres. En mi experiencia, el perfil de riesgo de la mujer y del hombre, que determina qué tan rápido toman las decisiones, dependerá mucho de lo que aprendieron de la familia y también del patrimonio del que disponen. Aunque hay muchos casos en los que cuando hay grandes patrimonios no se arriesga y cuando hay poco patrimonio se arriesga mucho, la verdad es que los grandes empresarios empezaron de cero y fueron los que arriesgaron más. Históricamente, los hombres han arriesgado más, posiblemente por cuestiones de derechos de la mujer. Mi madre pudo ver a mi abuela ir a votar por primera vez en Perú, y los derechos de herencia fueron activados más o menos en la misma época. Por eso, las mujeres no disponían del patrimonio y, como resultado, la lista de millonarios son hombres y la mayoría de mujeres, como los Walton, lo son por herencia del padre. Es verdad que las mujeres son más cuidadosas cuando invierten y también se toman más tiempo. Consideran más aspectos, como la familia, el bienestar y las obligaciones en general. Los hombres tienden a invertir poniendo sus metas primero y es por eso por lo que pueden tomar decisiones más rápidas. En una cartera de inversión es bueno tener la combinación del hombre y la mujer porque, si bien el hombre ayudará a que se lleven a cabo las decisiones, la mujer tendrá en cuenta muchas otras cosas que podrían afectar, ya sea la cuenta o la inversión en general. Aunque cada caso es un mundo y hay que analizarlo de manera individual.

Dos clientes míos, Arturo y Amanda, llevan muchos años casados y tienen seis hijos en común. Él se encarga del negocio operativo y ella escoge las propiedades para que Arturo las compre. Hubo un momento en el que tuvieron una fuerte inestabilidad en la empresa y gracias a Amanda pudieron vivir del alquiler de las propiedades. Por otro lado, Liliana y Álex están casados desde hace unos años, ella es conservadora, y él, muy arriesgado. Un día Álex decidió invertir el 50% del patrimonio de la familia en una acción que tenía a la familia bajo mucho estrés por la volatilidad de la empresa. Esa empresa tenía mucho potencial, pero un día bajó al 50% del valor justo cuando necesitaban la liquidez y fue muy desgastante para la pareja, por los sacrificios que tuvieron que hacer. Es un riesgo que no creo que Liliana hubiese tomado, por el bienestar de sus hijos. Las inversiones en pareja dependen mucho de la confianza de la relación y las expectativas. En el ejemplo de Arturo y Amanda, Arturo confiaba ciegamente en Amanda y pudieron usar sus inversiones para una emergencia. En el caso de Álex y Liliana, el riesgo fue centralizado y no diversificado para el bienestar de la familia. Por eso es necesario comunicar y evaluar las metas antes de invertir.

Hay quien apunta a la testosterona como culpable, aunque la verdad es que no sabemos a ciencia cierta si estas tendencias pueden o no aprenderse, o si son algo hormonal. Los hombres pueden pecar de exceso de confianza y no cuidar las ganancias todo lo que podrían; esto tiene como resultado que el beneficio neto de sus inversiones sea prácticamente igual al de la mujer. Como añadido, el mercado de las acciones está más adaptado al sector masculino, por lo que ellos acaban animándose a invertir en más productos y plazos. Como dato curioso, un estudio de BankRate afirmó que, mientras que las mujeres siguen recomendaciones de familiares y amigos para invertir, los hombres tienden a aprender por sí mismos, lo que se manifiesta en una toma de decisiones más rápida y autónoma. Si hablamos de créditos, los concedidos a mujeres tienen una menor morosidad que los que reciben los hombres. Esto vuelve a deberse a un exceso de confianza que hace que realicen operaciones desaconsejables si se analiza de manera objetiva la capacidad de pago.

En resumen, si bien todavía podemos observar una brecha diferenciada en la manera en la que gestionan las finanzas, especialmente con el tema de las inversiones, se puede prever que esto se palíe durante la próxima década. Los datos que hemos analizado anticipan un futuro económico en el que las mujeres serán las protagonistas y principales motores, una «sheconomy» [econom-ella]. De hecho, un estudio del Boston Consulting Group (BCG) afirma que las mujeres aumentarán sus ingresos a nivel global en ocho trillones, asentándose como el factor que impulse más los ingresos de las familias. No está mal, ¿verdad? Si tuviera que responder brevemente cuál es la diferencia entre mujeres y hombres, diría que las mujeres, a la hora de invertir, se preguntan más y toman más factores en consideración que los hombres. Asimismo, a lo largo de mi carrera he conversado con muchas planificadoras financieras como yo, inversionistas mujeres y administradoras de carteras de inversiones. Todas coinciden en que las mujeres necesitamos tener más inversiones que los hombres porque, al vivir más años, tenemos un plazo más largo que los hombres y además necesitamos más dinero para generar los ingresos que requerimos porque arriesgamos menos y, en consecuencia, nuestro rendimiento es menor.

En conclusión, Antúnez tiene clara la respuesta a la cuestión sobre cuál era el mayor detonante de discusiones, si el sexo o las finanzas. Ella concluye, como buena experta, que el sexo es algo que no puede pasar desapercibido. Yo, por mi parte, he querido aportar mi granito de arena a este debate profundizando en las diferencias entre hombres y mujeres a la hora de administrar su dinero. Un tema al que tanto ella como Phil le dan importancia.

A lo largo de este manual te he dado multitud de consejos para saber detectar el problema y solucionarlo; y en este último capítulo hemos aprendido de parejas exitosas desde el punto de vista laboral, pero, sobre todo, emocional. Parejas que han sabido convivir con amor y entendimiento durante años, incluso décadas. Y es que hay multitud de opciones para, en primer lugar, intentar solucionar sus diferencias.

Asimismo, y siempre en última instancia, también hay muchas vías para divorciarse de la manera más limpia posible. Aun así, siempre se dan casos que desafortunadamente sirven de ejemplo de lo que no hay que hacer. Estos son algunos de los ejemplos más sonados de los últimos años. En ocasiones, revisar los errores como persona externa te da una visión que no obtienes cuando eres la afectada, así que echa un vistazo a los que te mostramos a continuación. Sin juzgar, pero aprendiendo.

Brad Pitt y Angelina Jolie

Lo que empezó como un cuento de hadas terminó en un juicio donde se están peleando por la custodia de los niños. Y, aunque parezca sorprendente, dado el patrimonio que acumulan, también se acusan de que, aun sabiendo que era necesario más dinero porque ellos gastaban mucho, se daban el lujo de no atender a algunas ofertas de trabajo. Estamos ante un caso de perfiles financieros opuestos, donde no ha habido una comunicación fluida para complementarse. Claramente, las decisiones no se tomaban juntos, ni respecto a los hijos ni con relación a las finanzas. De esta separación hay que aprender que tener una comunicación fluida y abierta de manera constante es una pieza clave sin la cual una relación no sale a flote.

Johnny Depp y Amber Heard

Esta pareja protagonizó uno de los divorcios más mediáticos de los últimos años. La joven actriz acusó a Depp de violencia doméstica, llegando a aparecer en los juzgados con un moretón. Tras varios pasos por las cortes, Heard retiró la denuncia y dijo que donaría el dinero obtenido en el proceso de separación a una organización no gubernamental. Los abogados de ambas partes llegaron a un acuerdo y emitieron un comunicado conjunto. No sabemos qué ocurrió en realidad con esta pareja que comenzó su vida de casados con tanta ilusión. Tampoco voy a juzgar, ya que no contamos con toda la información. Sin embargo, de ser cierto, el abuso doméstico, ya sea físico o financiero, es un problema de extremada gravedad que debe ser atajado de inmediato, por medio de una ruptura o por cualquier otra vía.

Sofia Vergara y Nick Loeb

En 2013 fecundaron dos embriones, Isabella y Emma, pero luego terminaron su compromiso. Ambos decidieron por vía legal que, en caso de fallecimiento de la otra persona, tendrían el derecho de destruirlos y que, si ambos no estuvieran de acuerdo, se mantendrían congelados. En estos momentos existe una demanda en el estado de Luisiana basada en el hecho de que Emma e Isabella han sido privadas de su derecho a una herencia por no haber podido nacer y se pide que se entreguen los embriones a Loeb para que puedan nacer y recibir el dinero, que iba dirigido a educación y tratamiento médico. Este es quizás uno de los casos más inusuales con los que nos vamos a encontrar. Sin embargo, resalta la importancia de considerar con mucho cuidado los aspectos económicos de ampliar la familia.

Ejercicio de Capítulo 5

Escoge una actividad cada día o por semana para fortalecer la relación de pareja y la comunicación:

DÍA / SEMANA	ACTIVIDAD	FORTALEZAS	DEBILIDADES
	Construyan algo juntos, desde un rompecabezas, un mueble o un presupuesto		
	Un viaje en auto de fin de semana juntos		
	Quedarse en un hotel sin televisor o Internet		
	Escúchense el uno al otro		
	Usen lenguaje positivo		
	Hagan una actividad de impacto en la comunidad juntos y decidan…		
	Esta semana quiero que tomen el rol de la persona opuesta, es decir, si tú manejas las finanzas, que tu pareja las maneje, si tú eres el ahorrador, actúa como el gastador. Adopta la personalidad de la otra persona. Al final de la semana, anota cuáles son las fortalezas y debilidades de tu pareja:		

De cada uno y de la pareja como una unidad y un plan de acción para hacerlo funcionar...

¡Lo lograste! Has llegado al final de esta pequeña guía (entra en la página web elaineking.net para obtener tu certificado). Espero que haya sido una experiencia provechosa y que hayas encontrado muchos consejos que puedas aplicar a la vida diaria junto a tu pareja. Esto solo es el principio porque lo único que has hecho ha sido abrir las puertas a una forma nueva de tratar cuestiones de dinero, que es un elemento más de la satisfacción de tu relación. A partir de ahora cuentas con una serie de herramientas de análisis y gestión financiera que espero que te ayuden. Y que incluso amplíes tus habilidades con el transcurso del tiempo. Y recuerda: todo es posible en la pareja si hay amor. El cariño que sienten el uno por el otro es el motor que propulsará las ganas de cambiar aquellas cosas que quieres mejorar. Con amor, tú y tu pareja podrán hablar de todo, hacer críticas amables e intentar solucionar problemas arraigados. Porque, si hay cariño, respeto y confianza, no habrá conversaciones incorrectas o erróneas, sino solo gente tímida que necesita un empujón.

Para terminar, me gustaría utilizar una frase del poemario de Antonio Machado que, en mi opinión, representa la esencia de toda pareja: «Caminante, no hay camino, se hace camino al andar». Y es que, efectivamente, no existe un camino definido, sino una multitud de opciones por explorar que pueden llevarte al mismo lugar, la felicidad con tu pareja. En realidad, no hay un molde perfecto para que las parejas sean felices y tengan una relación saludable con el dinero. Este libro te da una serie de consejos para colocarte en el sendero correcto. A partir de ahí, tú y tu pareja tienen que hacer camino al andar. El secreto está en seguir los diez mandamientos (páginas 146-149).

Conclusión

TARZÁN Y JANE

Yo Tarzán, tú Jane. Esta línea tan sencilla se convirtió rápidamente en una de las frases más emblemáticas de la cinematografía contemporánea. Unos segundos de pantalla han tenido tal trascendencia en la cultura pop del siglo XX que Johnny Weissmuller, nadador olímpico y protagonista del clásico de 1934, llegó a decir en una ocasión que lo suyo no fue una labor actoral compleja, simplemente consistió en saber decir cuatro palabras esenciales. Pero ¿qué es lo que tiene de especial ese momento para calar en nuestra memoria?, ¿por qué llegó a personas completamente diferentes en todas partes del globo? La respuesta no podría ser más simple: el amor es un sentimiento universal que, independientemente de donde vengamos, conecta a las personas y las hace sentirse bien. ¡A todos nos gusta una bonita historia de amor! Además, este clásico de Hollywood lleva al límite una historia sobre polos opuestos que se atraen. Dos personalidades aparentemente contrarias que llegan a entenderse y a compartir un sentimiento mutuo. Tarzán se ha criado en la selva sin el menor contacto con la civilización; Jane, por su parte, es una joven educada dentro de las costumbres de la sociedad. Sin embargo, se atraen, son capaces de comprenderse y encontrar un espacio común. ¿Hasta qué punto su relación funcionó por motivos que no se pueden controlar, como la atracción? ¿Puede que estuvieran destinados a entenderse porque sus personalidades, formadas desde la infancia, eran compatibles? ¿O su historia de amor tuvo éxito porque hubo un esfuerzo por comunicarse? Probablemente la respuesta es afirmativa para las tres preguntas.

En *Parejas felices, cuentas en orden,* nos quisimos centrar en aquellos aspectos de uno mismo y la pareja que sí podemos controlar, adaptándolos a nuestro antojo para lograr una mayor felicidad. Tarzán no hablaba ningún idioma entendible por el hombre, pero al conocer a Jane quiso encontrar la manera de expresarse, y tuvo éxito: «Yo Tarzán, tú Jane». Afortunadamente, en la vida diaria no vamos a encontrarnos ante un problema de comunicación así, pero la esencia de los obstáculos al entendimiento y la búsqueda de una solución es la misma. Tú y tu pareja no son iguales, no se criaron con los mismos valores ni condiciones, tampoco poseen las mismas fortalezas y debilidades; puede que ni siquiera tengan las mismas aspiraciones individuales. Sin embargo, sí que tienen un objetivo común: compartir la vida y el futuro de manera que les dé una mayor felicidad.

Y, como hemos mencionado a lo largo de esta guía, la felicidad de la pareja depende de una serie innumerable de factores, ya que cada relación es única. Pero uno de ellos es, en menor o mayor medida, el bienestar económico, y este tiene un idioma universal. No vivimos al margen de la civilización, nuestra selva son los núcleos urbanos, donde la estabilidad viene de la mano de la independencia económica. Por ello, el principal objetivo de este libro fue ofrecer las herramientas necesarias para que tanto tú como tu pareja adquieran control sobre las finanzas que administran en común y las que gestionan de manera independiente. Nos centramos en la importancia de una comunicación abierta y honesta sobre el dinero para poder saber qué cosas nos gustan de nosotros y de nuestra pareja, y cuáles nos gustaría cambiar; entender los porqués de las ideas y opiniones del otro; qué medidas preventivas deberíamos adoptar; y cómo elaborar objetivos y planes conjuntos.

Puede que no fuera tu caso cuando abriste las páginas de este libro por primera vez, pero, para algunas personas, hablar de dinero con su pareja es tan difícil como para Tarzán aprender a articular sonidos y decir: «Yo Tarzán, tú Jane». Ese es el motivo por el que esta guía es ambiciosa y cubre tantos aspectos distintos de las finanzas familiares y pretende que cualquier persona pueda llegar a un nivel óptimo de manejo de las finanzas, independientemente de los conocimientos que tuviera cuando empezó a leer. No me cabe duda de que, si has seguido todos los consejos y ejercicios uno por uno, ahora entiendes mejor el estado del patrimonio que compartes con tu pareja y a dónde tienes que dirigirte para alcanzar el éxito.

Recursos digitales

La tecnología es clave en nuestro día a día y llega a englobar todos los aspectos de las finanzas familiares. Por eso, las aplicaciones monetarias están a la orden del día y recomiendo que entres a la página para actualizaciones: elaineking.net. En los últimos cinco años, estas herramientas digitales han proliferado como las setas y cubren aspectos económicos de todo tipo. Estas siete merecen una mención en este manual:

1. Mint.com

   Mint.com es un servicio web de gestión de las finanzas personales que funciona en Canadá y Estados Unidos. Creada por Aaron Patzer, permite que los usuarios hagan un seguimiento de su banco, tarjeta de crédito, inversiones, balance de su préstamo y transacciones a través de un interfaz único. Así, también puedes crear presupuestos y establecer objetivos financieros. Esta completa aplicación registró más de 20 millones de usuarios en 2016, según información facilitada por ellos mismos.

2. Billguard.com

   Como bien define su nombre («Billguard» viene a significar algo así como protector de la factura), esta aplicación móvil permite que revises cuentas bancarias, pagues facturas y hagas cualquier tipo de transacción *online* sin miedo de ser víctima de fraude. Por ejemplo, tiene un botón que deja que el usuario le pregunte al sistema si un cargo monetario es ilícito. Con la cantidad de información sobre nosotros que hay circulando en el ciberespacio, esta es una herramienta tan útil como necesaria. La *app* ha sido adquirida por Prosper Daily.

3. Prolance.com

Aunque no es necesaria para todo el mundo, esta aplicación puede ser un auténtico salvavidas para los *freelancers*. Tras descargarla en tu móvil, podrás analizar en profundidad todos los costes, humanos y materiales, que tiene un proyecto, así como tu ubicación, experiencia y formación, lo que debes cobrar por el trabajo. En mi opinión, una joya que, combinada con otros análisis, puede facilitarte la vida, y mucho.

4. Expensify

Expensify es una web de control de gastos y viajes, así como una aplicación móvil para uso tanto personal como de empresa. Esta herramienta ahorra horas de papeleo y búsqueda de facturas y recibos que siempre son un dolor de cabeza, y que a menudo se acaban traspapelando o perdiendo. Te permite gestionar las transacciones, subir recibos a la plataforma digital con una foto y generar facturas de compras *online*, y crear de manera automática informes de gasto y permitir que los equipos financieros aprueben y descarguen estos informes.

5. ATM Hunter

A quién no le ha pasado necesitar sacar dinero en un vecindario, o país, desconocido y no saber dónde está el cajero. Si quieres evitar sentirte como un tonto deambulando por las calles en búsqueda de un cajero automático, puedes recurrir a ATM Hunter. Desarrollada por MasterCard, esta aplicación te permite localizar los cajeros más cercanos a tu ubicación.

6. Sr. Pago

Esta sencilla aplicación te permite aceptar pagos con tarjeta utilizando tu *smartphone* o tableta. Hay muchas herramientas como esta a tu disposición, pero Sr. Pago tiene un servicio de asistencia completamente en español. Además, no requiere de un contrato a largo plazo, ni de cuotas fijas.

7. Settle Up

Esta aplicación va a ponerle fin a las típicas discusiones de los grupos de amigos sobre el gasto. Si van todos juntos de viaje y quieren compartir el precio de la gasolina, si alguien pone el dinero para la comida de todo el grupo o si sencillamente hacen un gasto conjunto de cualquier tipo, Settle Up les permitirá repartir el gasto sin errores ni un trabajo arduo. Podrán gestionar los pagos y deudas conjuntas de manera visual y fácil para que no den lugar a malentendidos o dudas.

Aunque estas aplicaciones te ayudarán a organizar tus finanzas, no son la solución para la administración de la economía familiar en pareja. Cuando Beatriz me llamó, ella ya llevaba tiempo usando Mint.com con su esposo. Me confesó que su esposo no creía en asesores financieros porque estaba convencido de que estas aplicaciones reemplazaban y ahorraban el servicio. Cuando empecé a trabajar con ellos me di cuenta rápidamente de que estaban pagando casi 500 dólares al mes en cargos en su mayoría por no pagar las cuentas a tiempo, y que había unos pagos recurrentes que ya no tenían sentido, con algunas fechas que habían cambiado y que no se estaban pagando, pero que la aplicación seguía mandando. La aplicación, como cualquier sistema, es buena si tienes un orden, pero para poder tener una buena planificación en pareja se necesita de un asesor financiero o *coach* que te ayude a seguir tus metas. Aquí describo algunos de los roles de los consultores en finanzas y cuándo debes recurrir a ellos:

I. **Asesor financiero de un banco**. Esta persona es la adecuada para ayudarte a escoger el mejor producto del banco de acuerdo con tus necesidades, así como de evaluar tus alternativas y conseguirte los mejores servicios, como cuentas bancarias, préstamos y hasta una cartera de inversiones.

2. **Bróker**. Esta persona se especializa en inversiones y debe ser experta en mercados bursátiles. A él le pagas por las transacciones, pero sería bueno juntarse a menudo para evaluar el rendimiento y riesgo de la cartera, cuando tienes un dinero extra para que crezca.

3. **Asesor de inversiones**. Se especializa en inversiones como el bróker, pero, por lo general, cobra un honorario por el monto de tu cartera y no por transacción. Este tipo de inversión podría ser más a largo plazo y con menos riesgo. Por lo general, pertenecen a un RIA (*registered investment advisor*, o asesor de inversiones registrado).

4. *Mortgage Banker* **o gestor de hipotecas**. Se especializa en préstamos para la casa, puede ser de un banco. Su trabajo es conseguirte el mejor producto e interés de acuerdo con tus objetivos. Se centra en cuánto puedes pagar frente a los años que quieres estar pagando.

5. **Insurance Banker/Representative/Advisor o gestor de seguros**. Se especializan en seguros de vida, anualidades y productos de sucesión. Por lo general, ganan una comisión y los mejores son los que solo se centran en esta área. Pueden trabajar para una institución financiera o tener su propia empresa, es decir, pueden representar a una empresa o a varias.

6. **Agente de seguros**. Pueden ser seguros de salud o para la casa. Aunque no tengas una casa en propiedad, tengas tu casa en alquiler o tú seas inquilino, es recomendable contratar un seguro. Esta persona también podría ofrecer productos de vida.

7. **CFA** *(certified financial analyst,* **o analista financiero certificado)**. Se trata de una persona muy bien entrenada en administrar carteras de inversión.

8. **CFP** *(certified financial planner,* **o planificador financiero certificado).** Una persona muy bien preparada para administrar el patrimonio y planes sucesorios, de jubilación, estudiantiles, tributarios, seguros. Estas personas suelen ser generalistas, administran tu cartera, pero conocen de las otras áreas.

9. **Coach Financiero**. Un certificado en *coaching* no requiere certificación en finanzas, pero te puede ayudar a llegar a cumplir tus objetivos una vez que los hayas identificado. Si tiene experiencia en la industria financiera te ayudará mucho a conseguir tus metas.

10. **Planificador financiero**. Muy parecido al CFP, pero no tiene la certificación o no ha seguido la formación requerida mínima para seguir el estándar ético de CFP Board.

Como ves, la industria financiera está llena de personas que te pueden ayudar a escoger a un buen asesor financiero. Debes tener claro qué es lo que quieres y cuáles son tus expectativas. Esas son las cuestiones que yo planteo cuando me llaman a mí: tus metas, expectativas y experiencia. Hacerlo solo no es imposible, pero si quieres llegar más rápido y seguro te recomiendo que busques a un asesor financiero, preferiblemente certificado, que esté cerca de ti en www.cfp.org, y que acuerdes previamente que lo que necesitas es posible con esa persona.

Notas

1. Estudio de CCR LATAM. No publicado.

2. Malcolm Gladwelll, *Outliers (Fuera de serie)* (Miami: Debolsillo, 2017).

3. http://www.psychiatrictimes.com/articles/compulsive-buying-disorder-affects-1-20-adults-causes-marked-distress.

4. Daniel Goleman, *La Inteligencia emocional: por qué es más importante que el cociente intelectual* (México D.F.: Zeta Bolsillo, 2007).

5. Travis Bradberry, *Emotional Intelligence 2.0* (TalentSmart: San Diego, 2009).

6. https://www.uni-bonn.de/Press-releases/it-pays-to-have-an-eye-for-emotions.

7. Charles Duhig, *El poder de los hábitos* (Books4pocket: Barcelona, 2015).

8. http://theemotionallyintelligentinvestor.com/?p=41.

9. *Money Magazine,* 2014 Survey of Couples and Money.

10. http://www.goldmansachs.com/our-thinking/pages/*millennials*/.

11. https://www.accenture.com/fi-en/~/media/Accenture/Conversion-Assets/DotCom/Documents/Global/PDF/Industries_12/Accenture-UK-Financial-Services-Customer-Survey.pdf.

12. http://www.pwc.com/us/en/press-releases/2016/pwc-financial-wellness-survey-press-release.html.

13. https://www2.deloitte.com/global/en/pages/about-deloitte/articles/*millennial*survey.html.

14. https://www.ameriprise.com/retirement/insights/ameriprise-research-studies/couples-and-money-study/.

15. http://www.k-state.edu/media/newsreleases/jul13/predictingdivorce71113.html.

16. https://www.debt.com/2017/couples-arent-talking-money-marriage/.

17. Ibíd.

18. https://www.aicpa.org/press/pressreleases/2012/pages/finances-causing-rifts-for-american-couples.aspx.

19. «INFOGRAPHIC: Women Control The Money In America», http://www.businessinsider.com/infographic-women-control-the-money-in-america-2012-2.

20. http://www.diariogol.com/mas-futbol/los-ingresos-diarios-de-shakira-alucinan-hasta-a-cristiano-ronaldo_471060_102.html.

21. http://amor.media. Informacion obtenida de una entrevista telefónica entre la autora y la *sex coach.*

22. Ibíd.

23. «Women now control more than half of US personal wealth, which "will only increase in years to come"», http://www.businessinsider.com/women-now-control-more-than-half-of-us-personal-wealth-2015-4.

24. Carmen Diana Deere, *Empowering Women: Land and Property Rights in Latin America* (Pittsburgh, PA: University of Pittsburgh Press, 2007).

25. John Gray, *Los hombres son de Marte, las mujeres de Venus* (Nueva York: Rayo, 1995).

26. «Women now control more than half of US personal wealth, which "will only increase in years to come"», http://www.businessinsider.com/women-now-control-more-than-half-of-us-personal-wealth-2015-4.

27. http://barbarastewart.ca/RT_WP7-R12017.pdf.

Todos los enlaces presentaban el contenido referido en estas notas cuando fueron consultados en julio de 2017.

Recursos en línea (en inglés)

para profundizar en el tema, por orden alfabético

«11 Financial Signs Your Spouse is Cheating on You» (11 señales financieras de que tu pareja está engañándote), http://www.foxbusiness.com/personal-finance/2014/07/16/11-financial-signs-your-spouse-is-cheating-on/.

«Are You and Your Partner Financially Compatible?» (¿Tú y tu pareja son financieramente compatibles?), http://www.wthr.com/story/16977821/couples-manage-social-media-for-healthier-marriage.

«Are You Married to Your Financial Opposite?» (¿Estás casado con tu opuesto financiero?), http://money.cnn.com/2009/08/25/pf/spendthrift_tightwad/.

«Consumer units of single males by income before taxes: Average annual expenditures and characteristics, Consumer Expenditure Survey, 2010-2011», https://www.bls.gov/cex/2011/CrossTabs/singlesbyinc/malesinc.PDF.

«Dealing with Financial Infidelity» (Afrontar la infidelidad financiera), http://www.bankrate.com/financing/credit-cards/dealing-with-financial-infidelity/.

«Fatal (Fiscal) Attraction: Spendthrifts and Tightwads in Marriage» (Atracción fiscal fatal. Derrochadores y tacaños en el matrimonio), http://faculty.wcas.northwestern.edu/eli-finkel/documents/2011_RickSmallFinkel_JMR.pdf.

«Financial Cheating» (Infidelidad financiera), http://marriage.about.com/od/finances/a/Financial-Cheating.htm.

«Investing styles of men versus women», http://www.bankrate.com/investing/investing-styles-of-men-versus-women/.

«Is Your Spouse Committing Financial Infidelity?» (¿Tu pareja está cometiendo infidelidad financiera?) http://married.answers.com/counseling/is-your-spouse-committing-financial-infidelity.

«Record Number of Couples Committing Financial Infidelity» (Número récord de parejas cometiendo infidelidad financiera), http://nypost.com/2014/02/15/record-number-of-couples-are-committing-financial-infidelity/.

«Talk About Money Before Taking Vows» (Hablen de dinero antes de casarse), http://www.memphisdailynews.com/news/2013/may/16/talk-about-money-before-taking-vows/.

«The female economy», https://hbr.org/2009/09/the-female-economy.

«Why Spendthrifts and Tightwads Marry - and What to Do When They Do» (Por qué los derrochadores y los tacaños se casan - y qué hacer cuando lo hacen), https://retirementplansp.vanguard.com/VGApp/pe/pubnews/TightwadsSpendthrifts.jsf.

http://onlinelibrary.wiley.com/doi/10.1111/j.1468-2389.2009.00455.x/
abstract.

http://www.huffingtonpost.com/2014/06/03/marriage-
finances_n_5441012.html.

Notas

Notas

31901061357788